KB202452

회고록

은혜로만 걸어온 길

PILGRIMAGE BY GRACE ALONE

MEMOIR

허순길

SEMPER RE FORMANDA
셈페르 레포르만다

회고록
은혜로만 걸어온 길

PILGRIMAGE BY GRACE ALONE
MEMOIR
BY SOON GIL HUR, TH. D
SEMPER REFORMANDA
ⓒ Semper Reformanda 2014

초판 인쇄 / 2014년 10월 1일
초판 발행 / 2014년 10월 15일

저 자 / 허순길
발행인 / 박병준
발행처 / 셈페르 레포르만다
주 소 / 광주광역시 북구 서강로 156, 302동 406호
등록번호 / 제 2014-000007호
등록일 / 2014.8.18.

총 판 / 비전북
주 소 / 경기도 고양시 일산서구 송산로 499-10(덕이동)
전 화 / 031-907-3927

ⓒ 셈페르 레포르만다 2014
정가 10,000원
IISBN 979-11-953608-2-6 03230

230.99-KDC5
230.092-DDC21   CIP2014027789

「이 도서의 국립중앙도서관 출판예정도서목록(CIP)은 서지정보유통지원시스템
홈페이지(http://seoji.nl.go.kr)와 국가자료공동목록시스템(http://www.nl.go.
kr/kolisnet)에서 이용하실 수 있습니다.(CIP제어번호: CIP2014027789)」

회고록

은혜로만 걸어온 길

PILGRIMAGE BY GRACE ALONE

MEMOIR

허순길

SEMPER RE FORMANDA
셈페르 RE 레포르만다

회고록을 내면서

수년 전부터 주변 여러분이 회고록을 발간해 주기를 원했다. 그러나 나는 이에 대한 별 관심을 두지 않았다. 나의 살아온 삶이 글로 나타낼만하지 못한 것으로 생각되었기 때문이다. 지리산 가까운 산촌 작은 마을에서 태어나 만 가지 주의 은혜를 입고 살아왔지만, 그의 교회와 나라를 위해 하나님 앞과 사람들의 눈에 띨만한 봉사의 흔적을 남기지 못했다. 하지만 이제 주저하면서도 짧은 회고록을 써내기로 마음먹었다. 살아온 나의 지난날이 온전히 주의 은혜였음을 알고 그의 이름을 찬양하기 위해서이다.

지난 80여 년 살아오는 동안 일제의 수탈, 해방, 육이오 북한의 남침 등의 세상 역사와 한국 장로교회의 분열, 합동, 환원 등 교회역사의 복잡한 흐름 속에서 겪은 많은 일을 회고하게 된다. 그동안 일어난 여러 역사적 사건들과 주변 인물들에 대한 회고는 필연적으로 나 개인의 생각을 옮긴 것이다.

1960년대에 네덜란드에서 유학 생활로 6년을 보내고, 조국에 돌아와 고려신학대학(고신대학교 전신)에서 교수하던 중, 오스트레일리아의 네덜란드계 자유개혁교회의 목사로 초빙받아 가서 10년을 봉사하고, 다시 조국에 돌아와 고려신학대학원에서 신학교육에 봉사하다 1999년에 정년은퇴했다.

팔순을 넘어서면서 지난날을 돌아보고 주께서 주신 시간과 기회들을 더욱 충성스럽고 보람되게 사용하지 못했음을 아쉬워한다. 하지만 주님은 허물 많고 만 가지 부족한 자를 매 걸음마다 함께 해주시고 이끌어 주셨다. '은혜로만 걸어온 길'을 회고하고 여기 글로 옮기면서 주의 이름을 높이고 찬양한다.

2013년 겨울에

허순길

차례

MEMOIR

은혜로만 걸어온 길

PILGRIMAGE BY GRACE ALONE

1. 어둠에서 빛으로(엡 5:8)

시골뜨기로 태어나다

나는 1933년 2월 13일 농촌에 사는 소박한 부모에게서 시골뜨기로 태어났다. 아버지에게서 들은 대로 할아버지(許陸)는 지리산 밑자락에서 멀지 않은 함양군 수동면 옥매리(玉梅里=玉洞)에서 한학에 심취했던 학자였다. 그는 1880년대 조선 고종 재위 시에 큰 꿈을 품고 한양에 올라가 과거시험을 보았으나 실패했다. 당시의 과거시험에는 많은 부정이 있었다고 한다. 어떻게 된 일인지는 잘 모르지만, 시험지 바꿔치기를 당했다고 한다.

조선 시대에 일찍부터 시험관에 의한 시험문제 알려주기, 시험지 바꿔치기, 돈 받고 합격시키기 등 부정이 끊이지 않았다고 한다. 1910년 한일합병에 분격하여 자결한 황현(黃

玹)의 '매천야록(梅泉野錄)'에 의하면 고종 22년(1885)에 왕은 생원, 진사 각각 200명을 뽑으라고 하고, 추가로 100명 더 합격시키되 1인당 2만 냥을 받으라고 했다고 한다. 하지만 이때 앞서 뽑은 200명조차도 공정히 뽑지 않았다는 것이다.

당시 과거시험에 실패한 할아버지는 그 시대의 부정부패를 목격하고 그 후 차츰 일제의 점진적 침략정책으로 무너져가는 나라의 미래를 탄식하며 화병으로 고생하다 광무 7년(1904) 비교적 젊은 나이에 별세했다고 들었다.

독자였던 아버지(許鉉 1885년생)는 19세에 그의 아버지를 잃게 되었다. 어려운 학자의 뒤를 보살펴오던 그의 어머니도 곧 병들어 세상을 떠나 2대 독자였던 아버지는 홀로 남았다. 가난한 학자의 집안에서 일찍 부모를 여읜 아버지는 늦은 나이에 전주 이씨 가의 규수와 결혼하고 함양군 동북지역 덕유산에 들어가 화전민이 되어 밭을 일구어 농사를 짓고, 목수 일을 하며 가난하게 살았다. 그는 학자였던 그의 아버지가 겪은 비참한 생활을 경험하고는 세상을 등지고 흙과 더불어 자연 속에서 사는 생활을 택하였다.

이때 아버지는 슬픈 일을 당하였다. 1923년에 첫 아내를

잃었다. 1남 2녀(潤玉, 三玉, 善玉)를 두고 세상을 떠난 것
이다. 2년 후인 1925년에 아버지는 형(潤七)과 나를 낳은 나
의 어머니와 재혼했다. 당시 나의 어머니(成小心)도 결혼을
했었지만, 곧 남편을 잃게 되어 시가의 권유와 주선으로 재
혼했다고 한다. 1933년 내가 태어났을 때는 나의 큰어머니
에게서 낳은 큰형은 결혼했으나 딸 하나(外順)를 남기고 이
미 세상을 떠났으며, 두 누님은 다 함양군 개평에 사는 풍천
노씨 집안으로 출가하고 집에 없었다.

내가 태어났을 때는 나의 부모가 산중 화전민 생활을 끝
내고 함양군 지곡면 덕암 마을(德岩里)로 내려와 작은 초가
집에 자리 잡고 살았다. 이 마을은 100여 호로 이루어진 오
래된 마을로 아랫마을에는 오백 년이 훨씬 지난 큰 느티나
무가 있어 여름이면
많은 사람이 그 나
무의 짙은 그늘에
나와서 쉬었다. 나
도 여름이면 친구들
과 함께 이 느티나
무 아래에 나와 놀

고향의 느티나무

고 거기 있는 작은 바위에 누어 쉬며 자기도 했다.

이 마을에서 나는 어릴 때부터 친구들과 함께 꼴망태를 메고 산에 올라가 꼴을 베고 소를 먹였다. 목수인 아버지가 만든 작은 지게를 지고 산에 가서 나무하기도 했다. 초등학교 다닐 때는 학교에 갔다 오면 논과 밭에서 일하는 아버지와 형을 도왔다. 중 고등학교에 다니던 때는 주중에 집에 머물 날이 별로 없었으나, 주말이면 항상 집에 돌아와 집안일을 도왔다. 농촌 일 가운데 해 보지 않은 일이 없다. 형을 따라 지게를 지고 산에 가서 풀을 베어 논에 뿌렸다. 인분통을 지게에 지고 논밭에 뿌리는 일도 했다. 풀과 인분은 비료를 구하기 어려운 그때 땅을 비옥하게 만드는 데 사용되었다. 모내기 때가 되면 모심기를 하고 논을 매기도 했다. 가을에는 벼를 베어 거두고 지게로 져 나르며 타작을 도왔다. 지금도 종종 그때의 농촌 생활을 뒤돌아보며 어릴 때로 되돌아간다. 동무들과 함께 꼴망태를 메고 산에 올라가 소를 먹이며 뛰놀던 옛 고향의 산과 들을 잊을 수 없다. 현재도 기회만 있으면 고향 마을에 들리고 주변을 걸어본다.

한학자였던 할아버지의 생의 실패와 가정의 몰락을 겪은 아버지는 자녀를 학교에 보내기를 원하지 않았다. 서당에 가서 기초적인 한문만 익혀 조상의 제사를 위해 지방(紙榜) 정도만 쓰면 족하다고 여기셨다. 땅을 파고 파종하고, 그 열매를 가을에 거두며, 땅과 더불어 사는 삶이 가장 행복하다고 생각하신 것이다. 그래서 아버지는 일제 강점기에 자녀를 초등학교에 보내지 않고 서당에만 보냈다. 물론 여기에는 한학자의 아들로서 겪은 불행했던 어릴 때 생활의 영향을 받았을 뿐 아니라, 나라를 강점하여 모든 것을 수탈해 가고 고유한 우리 문화를 완전히 말살하려는 일제에 대한 증오감도 작용했던 것이 사실이다. 아버지는 종종 "나라를 빼앗은 왜적들의 글 배워 무엇 하려느냐?"라고 말씀을 하셨기 때문이다.

일제 강점기 초등학교 시절

나는 아버지의 나이가 거의 50이 되고, 어머니도 40이 다 된 때 막내둥이로 태어났다. 전혀 기대하지 않은 나이에 얻은 아들이었다고 한다. 내가 태어났을 때 큰어머니에게서 낳은 형은 이미 세상을 떠났고, 누나들은 출가하여 집에는 나보다 여섯 살 위인 형(潤七) 한 분만 있었다. 이때 아버지는 이 형도 학교에 보내지 않고 서당에만 보냈다. 그런데 어머니는 막내둥이인 나 하나만은 신시대 교육을 받도록 초등학교에 보내기를 원했다. 아버지는 이를 반대하여 서로 논쟁하는 일도 가끔 있었다. 하지만 어머니의 열심과 고집이 아버지의 뜻을 꺾어 결국 나는 1940년 봄에 지곡초등학교에 들어갈 수 있었다.

이때는 일제가 한국의 민족성과 문화를 말살하고 조선과 일본을 하나로 만들려는 소위 내선일체(內鮮一體)의 정책이 극에 이르렀던 때였다. 내가 입학하기 한 해 전인 1939년에 창씨령을 내려 성씨를 일본식으로 만들도록 강요했고 학교에서는 조선어 교육이 금지되었다. 나아가, 저들의 제국주의 야욕은 아시아 제패를 목적으로 하고 1937년 7월 7일에 중일 전쟁을 일으켜 중국 정복에 나섰다. 1941년 12월 8일에는 세계의 제패를 위해 미국 하와이 진주만을 급습하고 이어 미국과 영국에 대한 전쟁을 선포함으로 태평양 전쟁을 일으켰다. 당시 일제는 하와이 진주만 급습을 미국에 대한 큰 승리라고 자랑하고 이에 대한 노래를 지어 부르게 했다.

이때 학교에서는 일본말만 배우고 사용하게 하며, 우리말을 하는 것이 금지되었다. 당시 각 마을에서는 학생들이 모여 함께 등교했는데 가는 길에 친구들끼리도 우리말을 하게 되면 서로 카드를 빼앗게 하였다. 아침마다 조회가 있었다. 종을 치면 수업을 시작하기 전에 전교생들이 교정에 정렬하고 천황(天皇)이 사는 동경의 궁성을 향하여 구령을 따라 허리를 깊이 구부려 최경례를 하게 했다. 일제는 천황을 사람으로 나타난 신으로 믿고 섬기게 하였다. 이것이 소위 '궁성요배(宮城遙拜)', 혹은 '동방요배(東方遙拜)'라고 불렸다. 당시 일본 사람들은 천황을 정말 사람의 모습으로 나타난 신으로 믿고 섬겼다. 이천 년 전 로마 제국시대에 황제를 신으로 섬겼던 그 신관이 일본에서 되살아 난 것이다.

천황이 궁성 밖에 행차하게 되면 사람들은 감히 그를 쳐다보지 못하였고 무릎을 꿇고 머리 숙여 땅만 내려다보았다. 학교에서는 일제의 기념일에 전교생을 모아 놓고 교장이 천황의 교육칙어(敎育勅語)를 읽었다. 제국과 천황에 대한 충성심을 고취하는 것이 그 중심 내용이었다. 교육칙어는 신의 말로 믿었기 때문에 매우 조심스럽게 다루었다. 교육칙어 두루마리를 만지는 선생은 반드시 흰 장갑을 껴야 했다. 교장이 흰 장갑을 끼고 이 칙어를 받쳐 들고 읽을 때는 두렵고 떨리는 목소리를 내었다. 이때 전교생은 어전에 선 자세로 꼿꼿이 서서 들어야 했다. 그것은 신의 말을 전하고 듣는 하나의 종교의식이었다. 만약 학교에 불이라도 났을 때는 학생들의 안전보다 먼저 교육칙어를 구해 내어야만 했다. 학교 동편 정원에는 일본이 개국신이라고 믿는 '천조대신'(天照大神)을 섬기는 작은 신전(神殿, 가미다나)도 있었다. 아침 조회 때는 항상 거기를 향해서 허리를 굽혀 깊은 절을 하게 했다. 이 모든 것은 일본제국이 조선인의 정신과 문화를 완전히 말살하고 일본의 국조(國祖)와 천황을 섬김으로 우리나라 사람을 일본인으로 만들려는 시도에서였다.

1941년 12월 태평양 전쟁이 시작된 이후에 조선인에 대한 각종 수탈과 충성의 강요는 더욱 더해만 갔다. 이제는 일선 군대를 먹인다고 가을에 추수한 모든 곡식을 공출 형식으로 다 거두어 가고, 승전을 위한 무기를 만들기 위해 쇠, 놋숟가락, 젓가락까지 다 빼앗아 갔다. 이때 우리는 먹을 것이 없어 들에서 쑥을 뜯고, 산에 가서 소나무 껍질을 벗겨와 그것을 물에 담가 우려 송진을 뺀 후 밀가루와 버무리어 먹고 살았다. 그때 아버지를 따라 온 식구가 산에 가서 큰 소나무를 베어 넘겨 그 껍질을 벗겨 오던 일을 기억한다. 그 산과 소나무는 남의 것이었지만 굶어 죽을 형편이어서 살기 위해 소나무를 베니 주인들도 말릴 수 없었다. 정말 문자대로 초근목피(草根木皮)로 생명을 이어 왔다. 공출 형식으로 추수한 모든 것을 빼앗아 간 일제는 가끔 적은 양식을 배급해 주었다. 이때도 저들은 '황국신민선서'(皇國臣民宣誓)를 외우는 사람들에게는 주고, 하지 않는 사람들에게는 주지 않는 일이 많았다. 이 선서는 일본말로 "우리는 황국신민이다. 충성으로서 군국에 보답한다."라고 시작되었다.

아버지는 일본 사람들을 '왜적들'이라 하며 모든 것을 수탈하는 일제를 규탄하셨다. 어린 나도 모든 것을 빼앗아 가고 굶주리게 하는 일본사람들을 미워했다. 저들이 혹 다 공출하지 않고 쌀을 집안 어디에 숨겨두었을까 하여 집안을 샅샅이 뒤지는 것을 볼 때에는 정말 더 미웠다. 특별히 순사(경찰)들이 긴 칼을 차고 마을에 찾아와 위세를 부릴 때는 더욱더 미워졌다. 당시 일본인 순사(순경을 순사라 부름)들은 항상 번쩍거리는 흰 칼집을 가진 긴 칼을 허리에 차고 다녔는데 이것은 당시 우라나라 사람들에게 대한 공포정치를 그대로 보여주는 것이었다.

일제 말, 특별히 한국의 청년 남녀는 늘 공포 속에 살아야 했다. 청년 남자들은 강제징용, 강제징집의 위협 아래 살았고 어린 소녀들은 위안부 혹은 근로정신대로 끌려가지 않을까 하는 공포 속에 살았다. 그래서 14, 5세 이상의 딸을 가진 부모들은 이런 불행을 피하기 위해 되도록 빨리 결혼을 시켰다. 이 때문에 나의 형도 1944년 17세에 15세의 소녀 권씨 집안의 규수(權貴南)와 결혼했다.

해방되던 날

일제는 1944년 7월 그들이 난공불락의 섬으로 자랑하던 사이판 섬에서 미군에게 비참한 패배를 당한 후, 날로 짙은 패색을 보여 왔다. 그럼에도 거의 매일 신문을 통해 '가미가제(神風)' 폭격기가 태평양에서 미국의 수많은 군함을 격침하고 일본이 크게 이기고 있는 것처럼 보도했다. 모든 것이 위장된 것이었다.

1945년 8월 초순 어느 날 나는 낯선, 전에 보지 못했던 은빛 날개를 가진 큰 비행기가 우리가 사는 지역의 하늘을 낮게 지나가는 것을 보았다. 일본에 핵폭탄을 떨어뜨리고 시위 차 우리나라 하늘을 지나간 것이었는지 모른다. 일제는 1945년 히로시마(8월 6일)와 나가사키(8월 9일)에 투하한 원자탄의 위력과 소련의 참전으로 막다른 벽에 부닥쳐 8월

15일 연합국 앞에 무조건 항복했다.

  전쟁 기간에 학교에서 해마다 있는 학예회(學藝會) 날이
되면 꼭 빠지지 않던 순서가 있었던 것을 기억한다. 그것은
강단에 두 교사 머리 위에 두꺼운 베개 같은 것을 얹고 보자
기로 덮어 씌워 앉혀 놓고 강단 휘장을 연후 두 일본인 선생
이 나와서 이 둘이 미국의 대통령 루스벨트와 영국의 수상
처칠이라고 하면서 머리에 칼을 꽂고 붉은 잉크를 보자기
밖으로 쏟아 피를 쏟는 잔인한 모습을 보여주었다. 이렇게
해서 일제는 어린 학생들에게 미국과 영국은 일본의 원수
나라들이라고 가르치고, 저들에 대한 미운 마음을 갖게 하
면서 일본이 전쟁에 반드시 이긴다고 장담했다. 그런데 이
런 일본이 패전하고 만 것이다.

  이제 신으로 추앙받던 천황이 스스로 신이 아님을 밝히고
평범한 사람의 자리로 내려앉게 되었다. 21세기 지금도 일
본 우파에 속한 상당수 사람 가운데는 현재의 천황을 신같
이 여기는 정서가 남아 있는 것으로 알려져 있다. 해방 당시
나는 초등학교 5학년이었다. 아버지는 해방 소식을 듣고 뛸
듯이 기뻐하셨다. 이제야 일제를 '왜적들'이라 규탄해 오시
던 아버지의 뜻을 더 잘 이해하게 되었다. 나는 아버지로부

터 해방의 소식을 듣자마자 바로 집에서 2㎞ 거리에 있는 내가 다니는 지곡국민학교(1941년 이후 초등학교가 국민학교로 불림)에 뛰어 내려갔다. 일본인이 교장으로 있는 학교의 상황이 어떻게 바뀌고 있는지 보기 위해서였다. 학교에 들어서니 학교 동편에 서 있던 작은 일제의 신전(가미다나)은 벌써 수많은 사람이 돌을 던져 이미 무너져 내려 산산조각이 났고, 일본인 교장은 두려워서 사택 밖으로 나오지 못하고 있다고 들었다.

해방 이후 학교의 문이 바로 열릴 수가 없었다. 여태껏 일본말로만 가르쳐왔던 학교의 문이 열리려면 새 교육 제도가 마련되어지고 한글로 된 새 교과서가 출판되고 가르치는 교사들이 있어야 했기 때문이다. 물론 이때 가르치던 우리나라 선생들은 학교에서 조선어를 가르칠 때 학교에 다닌 분들로 한글은 알지만, 일제의 교육정책에 젖어 있었다.

학교가 열리기 전 우선 마을마다 옛 서당이 열렸다. 내가 사는 덕암마을에도 서당이 열려 나도 서당에 가서 한문을 배우게 되었다. 이때 천자문을 마치고 명심보감(明心寶鑑)을 배우고 외웠다. 해방 후 곧 미군정청의 통제 아래 있던 한국은 1945년 9월 26일에 초등학교의 문을 열었다. 하지만 한 달 전까지 일본말로 시행되어 온 일제의 교육을 우리나라 사람을 위한 한글 교육으로 갑자기 바꾼다는 것은 쉬운 일이 아니었다. 언어가 바뀌고 교육내용이 바뀌어야 했다. 모든 것이 정상화 되기까지 나는 서당과 학교를 병행해서 다녔다.

해방이 되고 한 해가 지난 1946년 12월에야 미군정청 아래 고용된 조선인 학자들의 자문으로 초등학교의 교수요목이 발표되어 새 시대의 교육이 차츰 자리를 잡아갔다. 그래서 학교에서 한글을 배우고 한글로 된 책을 읽게 되고 우리나라 역사를 배우게 되었다. 세상이 완전히 바뀌었다. 이제 일본어는 원수 나라의 말로 전혀 관심 밖의 것이 되고 말았다. 그래서 나도 5년 동안 배웠던 일본어를 차츰 다 잊어버리게 되었다.

가출 계획의 무산

1947년 봄에 초등학교를 졸업했다. 해방 후 산촌 성읍 함양에도 공립중학교가 설립되었다. 나는 이 중학교에 들어가기를 간절히 바랐다. 하지만 이미 언급한 것처럼 아버지는 학자의 생활에 혐오감을 가지고 계시는 분이니 중학교에 진학하는 일을 반대하는 것은 필연적이었다. 아버지는 초등학교를 졸업한 것으로 충분하니 이제 농사일을 돕고 성실한 농부가 되라고 하셨다. 농사하고 사는 것이 가장 행복하다는 것이 그의 생각이었다.

아버지는 일찍이 부모를 여의고 산중에 들어가 화전민이 되어 몹시 가난하게 살았으나, 산에서 내려온 후 소작을 하면서 열심히 노력하고 어머니가 성실히 도와 집 가까운 곳에 농지를 차츰 사들이게 되었다. 처음에 칠백 평을 사고 몇

지곡초등학교 졸업(1947년 3월)

년 후에 다시 칠백 평을 사서 천사백여 평의 비옥한 농지를 경작하게 되었다. 이때 동리 사람들은 오막살이집에 사는 우리를 알부자라고 했다. 어머니는 밤잠을 자지 않고 길쌈을 하여 베를 팔아 농지를 사들이는 일에 크게 도움을 주었다. 형이 결혼하여 형수가 들어와 어머니께 큰 힘을 보태었다. 형수도 15세 어린 나이에 벌써 길쌈을 배워 와 베를 잘 짤 수 있었다. 당시는 부인들이 길쌈을 해서 시장에 파는 것이 가정에 상당한 수입을 가져오는 좋은 가계 산업이었다. 특별히 내가 초등학교를 졸업한 해에 우리 집은 막 농지를 사들이고 얼마 되지 않은 때여서 경제적으로 어려웠다. 어머니는 아버지의 뜻과는 달리 나를 중학교에 진학시키기를 간절히 바랐지만, 형편이 안 되니 한 해만 기다리라고 나를 설득하셨다. 한 해 동안 농사일을 하는 아버지와 형을 열심히 도우라고 하셨다.

하지만 나의 마음은 조급하기만 했다. 한 해를 기다릴 수 없었다. 중학교에 가지 않고 배우지 않고 사는 것은 죽음보다 못하다고 생각했다. 철없이 극단적인 고민을 하고 나날을 보내는 어린 철학도가 된 것이다. 이때 함께 초등학교를 졸업하고 중학교에 가지 못해 한을 품고 있는 같은 마을의 한 친구와 이웃 마을의 다른 친구를 만나 서로 이야기하는 가운데 부산, 대구, 대전, 서울과 같은 큰 도시에 가서 신문 배달이나 어떤 일을 하면서 공부할 길을 찾아보자고 의논했다. 함께 가출하기로 합의한 것이다. 날짜와 장소를 정해 함께 만나 떠나기로 했다. 우선 도시에 나가 얼마 동안 지낼 현금이 있어야 하니 각기 집에 길쌈한 베를 몇 필씩 가지고 가자고 했다.

나는 그들과 약속한 대로 어머니와 형수가 길쌈하여 농 안에 쌓아둔 베 세필을 몰래 꺼내어 친구들과 약속한 곳을 향해 떠났다. 집으로부터 200m쯤 갔을 때였다. 어떻게 아셨는지 어머니가 뒤따라 달려오시며 목청껏 나의 이름을 부르는 것이었다. 어머니가 부르는 소리를 듣자 나의 발은 이상 움직이지 않았다. 어머니를 향해 돌아와 품에 안기게 되었다. 결과 나의 가출 계획은 무산되고 말았다. 아버지는 나의 가출 사건을 모르는 척하시고 아무 말씀도 하시지 않았다.

이후 나의 조급한 마음을 아시는 어머니는 우선 10㎞ 거리의 안의에 있는 사립중학교 야간반에 가서 공부하면 내년에 함양 공립중학교에 시험을 치르도록 하겠다고 하셨다. 그래서 나는 그 야간 중학교에 들어갔다. 학교는 오후 6시에 시작하여 오후 10시에 마쳤다. 오후 3시에 집에서 출발

해서 자정이 되어야 집으로 돌아왔다. 학교를 마치고 돌아
오는 길에 몇 번이나 길을 가로질러 지나가는 늑대의 울음
소리를 들었다. 이삼 개월을 다니다 그만두었다. 이제 내년
봄에 함양중학교에 갈 시험 준비를 하면서 형과 함께 집안
농사일을 돕고 남은 해를 보냈다. 다음 해, 1948년 봄 함양
중학교에 입학시험을 치렀다. 어머니의 설득에 아버지는
이제 반대하시지 않고 침묵하셨다. 나의 가출 사건이 아버
지의 마음에 영향을 미쳤는지 모른다. 결국 중학교에 들어
감으로 원하는 뜻을 이루게 되었다.

해방 후의 정치 상황

해방 후 한국의 정치 상황은 몇 년 동안 매우 혼란스러웠
다. 해방된 조선은 하나의 대한민국으로 통일된 국가가 되
지 못했다. 일제로부터 해방은 되었으나 미소 양국의 외세
에 의해 땅은 소위 38선을 따라 남북으로 나누어지고 남북
한이 다 군정의 지배하에 들어 가게 되었다. 북쪽에는 소련
군이 주둔하고, 남쪽에는 미군이 주둔하였다. 분단된 우리
나라는 차츰 남북의 왕래도 차단되어버렸다.

해방 후 남한은 1948년 8월 15일 대한민국이 수립될 때까

지 3년 동안 자본주의와 공산주의의 이념적 갈등과 다툼이 치열했다. 처음부터 공산주의 세력과 영향은 남한에도 매우 컸다. 지난날 소작농으로 어렵게 살아온 대부분의 농민은 공산주의란 지주의 재산을 무상으로 몰수해서 무상으로 분배해 주어 고르게 살도록 한다는 말에 매혹을 느끼고 공산 세계를 낙원처럼 여겼다. 그래서 거의 농촌의 마을 단위, 면 단위로 인민위원회가 조직되어 공산주의자들의 활동이 자리를 잡았다. 미군정청의 지배 아래서는 물론 대한민국이 수립된 이후에도 공산주의 운동은 사라지지 않았다. 공산주의자들의 활동은 비밀리에 지속되었다. 해방 후 여러 해 동안 시골 마을에서는 낮에는 자본주의, 밤에는 공산주의가 세를 떨쳤다. 저녁이 되면 공산주의를 지지 선동하는 민주 청년 동맹이 지배했다. 이들은 자극적인 공산주의 혁명노래와 적기가 "붉은 깃발을 높이 들어라. 깃발 밑에서 전사하리라." 등을 가르치고 불렀다.

아직 자본주의나 공산주의 이념에 젖지 않고 아무것도 모르는 나와 같은 나이에 속한 10대의 소년들도 이 흐름에 휩싸여 밤이면 열심히 그들의 모임에 참석하여 혁명 노래를 배우고 함께 놀아났다. 이런 가운데 남한에는 1948년 8월

15일 대한민국 정부가 수립되고 이승만 박사가 대통령으로 취임했다. 그러나 이후에도 그동안 자리 잡아 온 공산주의 세력은 지하에 잠복하여 있었을 뿐 근본적으로 사라지지는 않았다. 밤이 지나고 낮이 되면 공산주의를 지지하는 삐라와 1946년 월북한 남로당의 머리 박헌영과 허 헌 등을 지지하고 찬양하는 삐라가 곳곳에 나붙었다. 박헌영은 충남 예산 출신으로 일찍 월북하여 북조선의 부수상과 외상이 되었고, 남한을 침공하면 남조선에 있는 20만 남로당원들이 일어나 협력할 것이므로 3일이면 남한을 해방시킬 수 있다고 장담하고 수상 김일성을 설득하여 육이오 전쟁을 일으키게 한 장본인이다. 하지만 그는 육이오 전쟁 후 1955년 김일성이 남로당 계열의 인물들을 숙청할 때 미국의 간첩이라는 누명을 쓰고 사형 선고를 받고 사라졌다.

하나님의 섭리적 인도

1947년 한 해는 내게 크고 작은 여러 가지 일이 일어났다. 그해 봄에 가출에 실패한 후 안의 야간 중학교에 들어갔으나 그만두고 다음 해 봄 함양 공립중학교에 들어가기 위해서 집안일을 도우며 혼자 입학시험 준비를 하며 지내던 해였다.

같은 마을 한 노인의 참사

1947년 이른 봄 어느 날 땔감에 쓰려고 솔가리를 모아 오기 위해 지게를 지고 산에 갔다. 아름드리 소나무가 우거진 산에서 열심히 솔가리를 긁고 있었다. 이때 같은 마을에 사는 60대 어른이 내가 솔가리를 모으는 곳으로 오셔서 아름드리 더 되는 큰 소나무를 톱으로 베었다. 나는 큰 나무가 넘어지는 것이 흥미로워서 이를 옆에서 지켜보았다. 그러나 이 큰 나무는 바로 넘어지지 않고 몸통 중간 부분이 옆에 있는 다른 작은 소나무 가지에 걸려 밑 부분이 하늘로 치솟게 되었다. 이 어른은 다른 소나무도 베어 넘어뜨려야 했다.

나는 옆에서 이것을 지켜보고 있었다. 그 소나무가 넘어지기 시작했을 때 이 어른은 나를 향해 빨리 피하라고 외쳤다. 나는 빨리 달려 나왔다. 그런데 그 나무가 넘어지면서 나뭇가지에 걸려있던 큰 소나무 밑 부분이 내 뒤를 따라 쫓아 나오는 이 어른을 바로 덮쳤다. 이상한 비명에 놀라 뒤돌아보니, 그는 내 바로 발뒤꿈치 뒤에 톱을 든 채 나무 밑동에 깔려 '엄마'하는 신음소리를 길게 내었다. 나는 정신을 잃고 어찌할 바를 몰랐다. 발걸음이 옮겨지지 않았다. 조금 정신을 차려 힘을 다해 소리치자 산 주변에 솔가리를 긁

으러 온 사람들이 모였다. 사람들이 모여서 이미 숨진 그의 시신을 나무 둥치 아래서 끌어내 내가 모아 놓은 솔가리 위로 옮겼다.

나는 벌벌 떨었다. 사람이 죽는 것을 처음 보았다. 발걸음 하나 사이에 죽는 것과 사는 것이 갈리는구나. 사람은 이렇게 순간에 죽는 것이구나. 별별 생각이 다 들었다. 사람은 어른이라도 죽을 때 엄마를 찾는 것이 뜻 깊게 느껴지기도 했다. 당시 13세인 나는 혼이 나간 사람처럼 빈 지게를 지고 그대로 집으로 돌아왔다.

어머니를 따라 교회에

작은 시내를 사이에 두고 우리 집 건너편에 사는 '권동댁'이라 불리는 한 경건한 그리스도 신자 할머니가 살았다. 이 할머니는 우리 집을 자주 찾아와 어머니와 교제를 나누었다. 마침내 어머니가 그 할머니의 전도를 받고 몇 주일 교회를 따라 나가셨다. 어머니는 곧 복음을 받아들여 예수를 믿음으로 새로운 세계를 발견하게 되었다. 사실 그 전에 어머니는 유교의 전통을 지키면서도 매우 미신에 젖은 생활을 했다. 종종 머리를 감고 깨끗한 옷으로 갈아입고 밥상을 잘 차려 밤에 시내를 찾아가 촛불을 켜고 한지를 살라 하늘로

어머니

띄우고 절을 하며 무어라 빌었다. 이때 나도 같이 따라가서 지켜본 일이 종종 있었다. 그런데 이런 어머니가 완전히 변한 것이다. 1947년 초여름 어머니는 나에게 사람다워지고 사람답게 살려면 교회에 나가야 한다고 생각하게 되었다고 말씀하시면서 교회에 같이 나가자고 하셨다.

이때는 나의 가출 계획이 무산되고 오래되지 않은 때였고, 같은 마을 어른이 나무에 깔려 죽는 참사를 본 지 얼마 되지 않은 때였다. 어머니는 나의 가출 사건을 겪고 교회가 나의 마음을 안정시키는 데 도움이 될 수 있겠다고 생각하셨는지 모른다. 어머니는 유교적 전통을 강하게 지키고 사는 아버지와 이런 가풍 속에 자라온 장성한 형에게는 권하기 어려웠으나 막내둥이인 나에게는 쉽게 권할 수 있었던 것으로 생각된다.

나는 어머니가 교회에 같이 가자고 하셨을 때 문득 산에서 본 죽음의 참사를 떠올리고 이 세상에 태어난 사람은 마침내는 한번 죽는다는 사실을 생각하며, 종교에 대한 관심을 두게 되었다. 나는 두말하지 않고 1947년 여름부터 어머니를 따라 교회에 나가게 되고, 금요일 구역예배에도 참석하며, 주일학교에도 열심히 다니게 되었다. 여름에 일주일 동안 열리는 여름 성경 학교에 가서 성경을 배우는 것이 내게는 매우 즐거웠다. 특별히 다니엘서의 다니엘에 관한 이야기가 내게는 아주 재미있고 인상적이었다. 여름성경학교 마지막 발표회 하는 날에 나는 다니엘서의 한 부분인 사드락과 메삭과 아벳느고에 대한 성경 본문을 외우고 크게 칭찬받았던 일이 기억난다. 이제 교회에 나가고 예수 믿고 사는 생활보다 더 값있고 즐거운 생활은 없게 되었다. 하나님은 은혜로 나를 어둠에서 빛으로 인도해 주셨다.

구역예배 참석하면서 생긴 일

1947년 어느 가을밤으로 기억된다. 어머니를 따라 같은 마을의 한 가정에서 모이는 금요일 밤 구역예배에 참석했다. 이 예배는 항상 같은 마을에 사는 정신현(鄭信鉉) 장로님이 인도했다. 10여 명의 남녀 성도들이 모였다. 당시 마을에는 아직 전깃불이 없었다. 호롱불을 두어 개 켜 놓고 둘러앉아 예배를 드렸다. 아직 예배가 시작되기 전이었다. 밖에서 친구들이 와서 나를 불러내었다. 민주 청년 동맹에 속한 친구들이 공산주의 혁명노래를 배우고 부르는 자리에 나오 도록 불러내는 것이었다. 그때 농촌에서는 나와 같은 아직 어린 학생들도 민주 청년 동맹의 모임에 참석했다. 당시 공 산주의 운동이 금지되어 있었지만, 마을마다 은밀하게 지 속하고 있었다.

캄캄한 그믐밤이었다. 나의 이름을 부르는 소리를 듣고 밖으로 뛰어 나왔다. 호롱불 옆에 앉았다가 갑자기 밖에 나 오니 아무것도 보이지 않았다. 짐작만 하고 사립문 쪽을 향 해 뛰어 나갔다. 이때 나는 그 집 마당 가운데 있는 큰 돌에 걸려 크게 넘어져 팔을 다치고 말았다. 그래서 그 밤 나는 공 산주의 민주 청년 동맹 모임에 참여하지 못하고 구역예배 를 겨우 마치고 집에 돌아왔다. 이후로 그 모임에는 계속 참 여하지 않게 되었다. 이 일이 있은 지 여러 날이 지나도 왼팔 을 움직이면 아래쪽 팔에 통증이 와 견디기 어려웠다. 그래 서 교회에 같이 나가는 친구 운주를 따라 의원(醫員)인 그의 할아버지 정팔현(鄭八鉉) 장로님에게 가 보았다. 장로님이 만져 보시더니 왼팔 아랫부분이 완전 절골되었다고 하면서 팔을 움직이지 않게 고정하고 한두 달 지나면 자연히 이어

질 것이라고 했다.

정팔현 장로님은 당시 우리 마을에 '천생의원'(天生醫院)이라는 작은 진료소를 운영하고 계셨다. 지곡면에서는 장로님이 유일한 신의(新醫)였던 것으로 기억된다. 후에 나는 그 장로님이 참으로 믿음이 있는 어른이라고 생각하게 되었다. '천생의원'이라는 기독교적 간판을 일제가 교회에 심한 박해를 가하던 때에도 그대로 달고 있었기 때문이다. 손자에게 지어준 정운주(鄭雲柱)라는 이름도 '구름기둥'이라는 뜻을 가진 성경을 배경으로 한 것이다. 언제나 구역예배를 인도하던 정신현 장로님은 이 장로님의 동생이었다.

나는 이 한 해 동안 내게 일어난 일들을 통해 하나님의 은혜로운 섭리적 인도를 발견하였다. 하나님은 어린 나로 하여금 노인이 당하는 참사를 보고 어린 마음에 인간 무상을 깨닫게 하시고, 어머니를 통해 나를 주의 교회로 이끌어 주시며, 내가 곁길로 빠져들 유혹을 받고 있을 때 은혜롭게 간섭하셔서 그 길을 막아 주신 것이다. 후에 나는 이 모든 일을 통해 "그의 뜻대로 부르심을 입은 자들에게는 모든 것이 합력하여 선을 이루느니라."(롬 8:2)라고 하신 말씀의 바른 뜻을 깨닫게 되었다.

구역예배에 참석한 그날 밤에 하나님은 골절을 당하게 하심으로 하나님의 존재를 부인하는 공산주의자들의 모임에 참석하는 일을 그만두게 하시고, 그 모임과 인연을 끊게 해 주셨다. 그 후 나는 그 밤 내게 일어난 일이 하나님 아버지의 은혜로운 사랑의 간섭이었던 것으로 생각하고 감사하게 되었다. 그때 그런 일이 없었던들 오늘의 내가 있을 수 없었을 것임을 잘 알기 때문이다.

그 일이 있은 지 3년 후인 1950년에 북한 공산군의 남침으로 육이오 전쟁이 일어나고 7월 말에 서부 경남지역이 북한 공산군에 의해 점령을 당했다. 공산군이 점령하자 농촌마다 지난날 자신들의 정체를 감추고 살아온 공산주의 이념에 젖었던 사람들이 이제 자기들의 세상이 온 줄로 생각하고 그들을 적극적으로 환영하고 나타나게 되었다. 점령한 인민군들은 한결같은 말로 공산주의 북한을 낙원처럼 선전했다.

인민군 점령 당시 16, 7세이면 누구나 의용군에 참여하도록 유혹과 강요를 당하였다. 같은 동리 몇몇 친구들이 의용군에 가담하였다. 그때 나는 만 16세로 중학교 3학년에 재학 중이었다. 공산주의자들에게 붙들려가지 않기 위해 이곳저곳 친척 집을 찾아 피해 다니면서 지냈다. 9월이 되자 인민군의 후퇴가 시작되었다. 의용군에 스스로, 혹은 강제로 가담한 같은 마을 몇몇 친구들은 영영 돌아오지 못했다.

육이오 공산군 남침 때 겪은 일

1950년 8월 초 인민군은 우리가 사는 서부 경남지역을 점령했다. 그때 우리는 인민군이 한결같이 공산주의 낙원 세계에 대해 선전하는 연설을 들었다. 이때 내가 그들에게 제일 먼저 물어본 것이 북한에 종교의 자유가 있느냐는 것이었다. 그들은 있다고 하였다. 물론 이는 어리석은 질문이요, 뚜렷한 거짓 답변이었다. 이들이 점령한 후 성도들이 교회에 모여 예배를 드리는 일은 전혀 불가능하게 되었다. 나는 공산주의자들을 피해 이곳저곳 친척 집으로 돌아다니다 8월 중순경 집에 들러 며칠을 지내게 되었다.

이때 내가 집에 있다는 소식을 듣고 초등학교 때의 같은 반 친구 몇이 우리 집을 찾아왔다. 이들은 '지곡면 민주 학생 동맹' 본부에서 파송되어 온 초등학교 동창들과 같은 중학교에 다니는 친구들이었다. 그들은 나를 본부로 가자고 했다. 본부 사무실은 개평에 있는 하동 정씨(河東鄭氏) 가문에서 이름난 정일두(鄭一蠹) 고택의 사랑채였다. 이 고

정일두 고택 사랑채

택이 지금은 문화재로 등록되어 관광지가 되어 있다.

그 곳에 도착하니 초등학교 동급생이었던 '정○○'이라는 친구가 민주 학생 위원장으로 위세 당당하게 의자에 앉아 나를 맞이했다. 그는 나에게 반가워하는 듯 악수를 했다. 하지만 바로 그의 태도와 인상은 변했다. 그는 "너, 우리에게 협력하지 않고 나도는데 좀 맛을 봐야 해." 하면서 몇몇 다른 친구들에게 눈짓했다. 나는 이들에 의해 사랑채의 어느 방으로 끌려갔다. 방 안에는 장작 몇 개와 징(사물놀이 기구)이 놓여 있었다. 장작 위에 무릎을 꿇고 앉으라고 했다. 뒷무릎 사이에 장작을 끼웠다. 손을 위로 들게 하고 무거운 징을 머리 위에 높이 들고 가만히 있으라고 했다. 큰 벌을 주는 것이었다. 견딜 수 없어 몇 분 후에 머리 위에 들고 있던 징이 흔들리며 팔이 구부러지니 팔을 펴라고 하면서 나무 막대로 등을 갈겼다. 약 한 시간 후에 징을 내려놓고 이제 일어서라고 했다. 일어서기 어려웠다. 잠시 후 사무실로 끌려갔다. 동급생이었던 위원장은 히죽 웃으면서 "이제 좀 알겠지. 앞으로 알아서 처신해."라고 하며 돌려보내 주었다.

공산주의 이념은 한 가문 안에서도 상호 분열을 일으키고 서로 대적하게 하는 무서운 힘을 가지고 있었다. 해방 후 공산주의 이념 때문에 개평(介坪) 마을의 하동 정씨 집안은 자본주의자, 공산주의자로 나뉘어 내적으로 서로 원수가 되어 싸웠다. 대부분의 적자(嫡子) 계통은 자본주의 편에 속했고, 서자(庶子) 계통과 정씨 가문에 하인(下人)으로 일해 오던 사람들은 공산주의자가 된 것이다. 민주 학생 동맹 위원장이 된 초등학교 동기생도 그의 아버지가 서자의 계통으로 공산주의 편에 가담하여 활동해 오다가 소위 보도연맹 사건으로 육이오 전쟁이 일어났을 때 희생을 당했다. 결과 그 친구 형제는 공산군이 이 지역을 점령하자마자 바로 공산 정권에 적극적으로 가담하여, 그의 형은 지곡면 보안서(경찰서)의 보안서장이 되고 그는 민주 학생 동맹 위원장이 되어 위세를 부렸다.

주남선 목사의 지방교회 심방

8월 초 인민군이 경남 서부지방인 합천, 거창, 함양을 점령했을 때, 이곳에 사는 상당수 목사 장로들도 부산, 마산 지역으로 피난을 떠났다. 그런데 거창교회에 시무하시던 주남선 목사님은 피난하지 않고 홀로 목회지를 지키셨다. 일제하에서 신사참배에 항거하다 5년 넘게 옥살이를 했던 그는 육이오 전쟁 중에도 양 무리를 떠나지 않고 돌보는 신실하고 선한 목자의 모습을 보여 주었다.

당시 거창, 합천, 함양 지역은 경남 노회 안에 있는 하나의 시찰구역으로 이 지역 안에는 40여 교회가 있었다. 점령 당시 미 폭격기가 자주 날라 와서 인민군의 움직임을 따라 이곳저곳에 폭탄을 떨어뜨렸다. 여행하기가 매우 위험하고 자유스럽지 못했다. 물론 버스 등의 교통수단은 전혀 없었다. 그런 가운데서도 주남선 목사는 자기가 시무하는 거창교회를 돌볼 뿐 아니라 같은 시찰구역 안의 교회들을 염려하고 순방하셨다.

같은 마을 믿음의 친구인 정운주의 집 마당에서 놀고 있을 때, 주남선 목사님이 이 친구의 할아버지인 의사 정팔현 장로댁을 방문하러 오셨다. 거창에서 이 마을(함양군 지곡면 덕암리)까지는 16㎞가 넘는다. 목사님은 당시 삼베옷을 입으시고 성경이 든 손가방을 들고 걸어서 오셨다. 그는 장로님 가정에서 예배를 인도하셨다. 그런데 어떻게 알았는지 지곡면 보안서 서장이요, 나의 초등학교 동급생이었던 민주 학생 동맹 위원장의 형이 총을 메고 찾아왔다.

정팔현 장로님은 같은 하동 정씨로 그와 같은 가문에 속한다. 하지만 그것이 그에게는 아무 상관이 없었다. 그는 주남선 목사님을 지곡면 개평에 있는 보안서(경찰서)까지 동행을 강요했다. 목사님은 보안서에서 몇 시간 심문을 받고 밤늦게야 풀려 나오셨다. 일제 기독교 박해 시대나, 육이오 전쟁 때나 한결같이 주를 사랑하고 주의 교회를 돌본 신실한 목자인 주남선 목사님은 공산 인민군이 물러간 후 1951년에 천국으로 부름을 받으셨다.

2. 신학의 길로

중고등학교 시절

1948년 봄, 드디어 원하던 함양 공립중학교에 합격하고 입학했다. 중학교 입학하기가 그렇게 쉽지 않았던 때라 합격은 더욱 기뻤다. 학교는 내가 사는 덕암 마을로부터 약 10㎞ 거리에 있었다. 처음 1년 동안은 통학했다. 빨리 걸어도 두 시간 이상이 걸려 오가는 데 매일 네 시간을 길에서 보내어야 했다. 아침 6시에 집을 떠나면 저녁 7시가 넘어서야 집에 돌아왔다. 다음 해부터는 함양읍 가까운 죽곡(竹谷) 마을에 사는 이모 댁에서 다니기도 하고, 학교 가까이 방을 얻어 유림면에서 온 친구 배도원과 함께 자취도 했다. 공부는 하고 싶어 했던 것이라 즐거웠다. 하나님께서 지혜를 주셔서 다른 친구들처럼 노력하지 않아도 늘 우등생이 될 수 있었다.

중학교를 마치자 상당수 친구가 진주 사범학교로 옮겨 갔다. 당시 사범학교는 오늘의 고등학교 수준이었다. 사범학교를 졸업하면 곧 초등학교 교사가 되기 때문에 많은 친구가 사범학교로 진학했다. 그러나 나는 함양농업고등학교에 진학하고 그대로 머물렀다. 그들을 따라 사범학교에 가기에는 부모의 경제적 사정이 따를 수 없을 뿐 아니라, 교사

함양중학교 졸업(1951년)

가 되기보다는 다른 꿈을 가지고 있었기 때문이다.

중학교 3학년 때부터 나는 당시에 유행한 보통고시를 목표하고 고시 강의록을 사서 열심히 읽고 공부했다. 경제적으로 가능하다면 대학에 진학하여 법률을 공부할 생각도 있었다. 그러나 고등학교 2학년이 되면서 나의 마음은 차츰 바뀌기 시작했다. 당시 나의 모교회인 개평교회를 시무한고 박태수(朴泰秀) 목사님의 영향이 컸다. 박 목사님은 고려신학교 5회 졸업생으로 신학교를 1951년에 졸업하고 바로 개평교회 전도사로 부임해서 목사로 안수받고 시무했다. 나는 그의 경건한 생활과 깊은 기도생활에 마음이 끌렸다. 그가 검은색 정장을 하고 설교단에 서서 예배를 인도하며 진지하게 복음 전하는 것을 볼 때마다 너무 고상하게 보였고, 거기에 참된 삶의 가치가 있다고 느꼈다. 그래서 목사가 되어 복음을 전하는 자가 되고 싶은 생각이 차츰 들기시작했다.

1950년 육이오 전쟁이 일어나 북한 공산군이 경남 서부지방을 점령했다가 물러간 후 1951년부터 1953년까지 거창, 함양, 합천 지역에는 영적 각성운동이 크게 일어났다. 그때는 이 집회를 '사경회'라 불렀다. 사실 이 말은 일찍부터 한국교회에서 불려온 이름이었다. 지금은 '부흥회'라는 말을 많이 사용하나 당시에는 '사경회'라는 말이 보편적이었다. '부흥회'라는 말은 감정이 크게 연관된 집회라는 인상을 준다. 당시의 사경회는 일반적으로 일주일간 계속되었다. 교회가 특별 강사를 청하여 저녁에는 전도중심의 설교를 하고 새벽에는 기도회, 낮에는 성경 공부를 했다. 당시 많은 성도가 쌀을 등에 지거나 혹은 머리에 이고 집회하는 교회를 찾아가서 참여하였다. 쌀을 가지고 가면 그곳 교회가 공동식사를 할 수 있도록 하든지 성도들 가정에 배정하여 밥

개평교회 사경회 참석(SFC 회원) 강사 이학인 목사, 개평교회 박태수 목사

을 지어 주도록 주선했다.

당시 집회에 참석하는 성도들은 계속되는 새벽, 낮, 밤 집회에 참석하며 대부분이 교회당에서 밤을 새우며 보냈다. 그때 경남 서부지방에서 가장 많이 집회를 인도한 강사는 가조교회 전도사였던 백영희 전도사였다. 당시 나도 어머니와 함께 쌀을 가지고 강사를 따라 여러 사경회에 참석했다. 나의 모교회인 개평교회, 거창읍교회, 안의교회, 함양읍교회 등 여러 교회의 사경회에 참석하여 은혜를 받았다. 사경회 기간 동안 나도 어머님과 함께 거의 모든 밤을 교회당에서 함께 지냈다.

신학을 하기로 결심하고 교회 봉사

하나님은 나의 마음속에 복음 전도자가 되기를 원하는 마음을 점점 더 일으키시고 나의 삶의 방향을 바꾸게 하셨다. 나는 전에 가졌던 보통고시나 고등고시를 치르거나 법대에 갈 마음을 접고, 목사가 되기 위해 신학 공부를 하기로 했다. 신학교는 하나님의 말씀을 배우는 곳이니 지상의 낙원처럼 여겨졌다. 결과 고등학교 2학년 2학기부터는 학교를 졸업하면 바로 고려신학교 예과에 입학하기로 하고, 교회 생활에 더욱 충실하면서 교회봉사에 적극적으로 나섰다.

1951년은 한국 장로교회의 역사에서 매우 불행스런 해였다. 총회가 출옥한 충복인 주남선, 한상동 목사가 세운 고려신학교를 지원한다는 이유로 경남노회를 총회로부터 축출함으로 한국 장로교회 첫 번째의 분열을 가져왔다. 총회에서 추방을 당한 경남노회는 고려신학교의 신학 노선을 지지하는 다른 여러 지역 교회들과 함께 1952년 9월 11일에 고려파 총노회를 조직하여 새 출발을 했다. 당시 경남 거창 시찰 구역인 거창군, 합천군, 함양군 지역의 교회는 대부분 경남노회를 지지하고 고려신학교 노선을 따랐다. 단지 함양읍교회와 서하면에 있는 봉평교회 두 교회만이 총회 편을 따랐다.

　1952년에 함양에서도 총회파에 속한 함양읍교회에 속했던 몇 분이 그 교회를 떠나 고려신학교와 경남노회를 지지하는 함양중앙교회를 세웠다. 그동안 나는 주중에는 함양읍내에서 자취를 하며 학교에 다니다가, 주일이면 모교회인 개평교회로 가서 예배에 참석했다. 그리고 함양중고등학교를 중심으로 하여 '학생신앙운동'(Students for Christ)을 조직하여 1953년 정월에는 몇몇 학생과 함께 부산에서 열린 '전국 학생신앙운동 동기수양회'에도 참석했다. 이때 학생

함양 SFC 창립 기념 민영석전도사, 박태수 목사

신앙운동은 제1회 전국학생대회를 하고 전국적인 조직을
갖추었다.

　당시 함양중앙교회에는 고려신학교 5회 졸업생인 민영석
(閔泳錫) 전도사님이 부임하여 큰 총회파 교회 옆에서 봉사
하고 있었다. 어느 날 전도사님은 나에게 교회사택에 와서
함께 기거하면서 교회를 돕고 학교에 다닐 수 없는가 물었
다. 나는 이 약한 교회를 돕기 원하여 그의 요청에 기쁘게 응
했다. 이제 전도사님 집에서 그의 자녀들(상식, 형식)과 함

께 기거하면서 아직 어리지만, 주일학교를 인도하고 교회를 열심히 돕게 되었다.

빨치산의 교회 침입

육이오 전쟁 후 지리산에는 상당수 빨치산이 잠복하여 활동했다. 빨치산을 이끈 인물은 이름난 이현상(1905~1953)이었다. 그는 일찍 월북하여 유격대 훈련을 받고 남하하여 1948년 여순반란사건에 가담했던 공산주의계의 잔병을 이끌고 지리산에서 암약했으며, 육이오 전쟁 이후에는 인민군 패잔병을 포함한 800여 명의 빨치산을 지휘하고 지리산 주변에 큰 공포 분위기를 조성했다. 그가 1953년 국군과 경찰의 토벌 작전 시 사살(자살?)되었지만 그가 이끌던 공비들은 상당수 남아 있어 밤에는 지리산 깊은 산록에 잠복해 있다가 밤이면 하산하여 마을과 읍내를 덮쳐 물건을 털어 감으로 많은 사람을 공포에 떨게 했다. 그런데 1953년 늦가을 빨치산 공비들이 함양읍에 침입하는 큰 사건이 생겼다.

당시 거창 시찰회는 남북통일을 위해 금요일 밤마다 철야 기도회를 갖기로 결의하여 시찰회 산하 각 교회가 이를 시행하였다. 함양중앙교회도 어느 금요일 밤 철야기도회를 마치고 남녀가 나뉘어 다른 방에서 쉬며 자고 있었다. 그때 교회의 위치는 함양 하동(下洞) 새 장터 서북쪽 끝에 있었고, 바로 교회를 나서면 한들이라 불리는 큰 들판이 있었다.

밤중쯤 되어 교회의 서남쪽 야산 방향에서 몇 발의 총성이 들려왔다. 그 후 몇 분이 안 되어 교회 안으로 빨치산이 갑자기 침입했다. 지리산에서 내려와 함양읍 남쪽에 있는 한들을 거처 바로 함양읍 언저리에 있는 우리 교회에 제일 먼저 들어온 것이다.

당시 교회당은 교회답게 보이는 건물이 아니었다. 큰 주택을 한 채 사서 임시 교회당으로 사용하고 있었다. 모두가 총소리에 놀라 깨어 이불을 둘러쓰고 있는데 공비들은 방에 침입하여 총대로 이불을 걷어치우면서 일어서라고 외쳤다. 민 전도사님 가족 방에도, 우리 학생들이 자는 방에도 침입했다.

이들은 우리에게 총을 겨누면서 "운동화 점포가 어디 있느냐? 거기로 인도하라."라고 말했다. 이때 저들은 노운한 군을 앞세워 나갔다. 그는 내가 전도해서 교회에 나오던 고등학교 같은 반 친구였다. 그가 나가자 바로 교회 뒤에서 총성이 울렸다. 우리는 그가 사살당한 것이 아닌가 생각하며 충격을 받고 염려했다. 그런데 그는 재치가 있었다. 공비들을 좁은 골목길로 이끌고 달려가다 어느 집에 들러 추수 후 재어 놓은 집단 속에 숨어 버렸다. 한 시간 후에 국군, 경찰과 교전하던 총성이 멈추고 조용해졌다. 공비들은 상점들에 들러 필요한 물건을 강탈하여 지리산 속으로 되돌아간 것이다. 총성이 사라진 지 한 시간쯤 되어서 노 군이 방문을 열고 들어왔다. 그때의 기쁨과 반가움은 형용할 수 없었다. 우리는 모두 부여안고 하나님 앞에 감사했다.

고등학교를 졸업하고

1954년 2월 나는 함양농업고등학교를 졸업했다. 당시 고려신학교 예과의 입학시험은 9월에 있었다. 이 사이에 함양중앙교회는 교회당을 옮기기 위해 신축에 들어갔다. 원래 교회 위치가 시장 주변이어서 합당치 않아 함양읍 상동에 있는 220평의 땅(현재 함양중앙교회의 자리)을 사들여 신축하게 된 것이다. 이때 민영석 전도사님이 자신의 소유였던 부산 사상의 집을 팔아 전액을 헌금하고 기존 건물을 매각한 돈으로 땅을 확보하여 신축하기로 한 것이다. 그때 나는 나의 불신자 형을 설득하여 그 기존 건물을 사게 했다. 당시 나의 아버지는 1952년에 노환으로 별세하시고 계시지 않았다. 나는 아직 불신자인 형이 고풍을 지키고 우상숭배가 강한 고향 마을을 떠나야 쉽게 믿음의 길에 들어설 수 있는 것으로 생각하게 되어 그 건물을 사서 고향 마을에서 떠나도록 권했다.

이해 3월에 내게 징병 소집장이 나왔다. 지난 2월 고등학교를 졸업한 모든 학생에게 소집영장이 발부된 것이다. 이때는 휴전이 되어 전쟁은 멈추었지만, 여전히 전시 시대였다. 당시 우리는 고등학교에 다니면서 매주 여러 시간 목총을 들고 군사훈련을 받았다. 소집을 받으면 언제든지 군에 입대할 준비를 하고 있었다. 징병 소집장을 받은 우리 고등학교 졸업생들은 트럭에 실려 부산 동래의 한 학교에 마련된 징병검사 장소로 가서 신체검사를 받았다. 이 검사에 합격하면 얼마 동안 훈련을 받고 바로 군 복무를 하게 된다.

그런데 나는 신체검사에서 병종으로 불합격 처분을 받았다. 군의관은 나의 왼팔을 이리저리 젖혀 보더니 왼팔 아래쪽이 약간 휘어져 있어 총을 손바닥 위에 놓기가 어렵다는 것을 발견했다. 7년 전 구역예배에 참석 중에 민주 청년 동맹에 속한 친구들이 불러내는 소리를 듣고 밖으로 뛰어 나오다 넘어져 골절된 팔이 약간 휘어진 채 아물었던 것이다. 남자로서 병종을 받아 군 신체검사에 불합격하게 된 것은 명예스럽지 못한 일이다. 그러나 이 때문에 계획한 대로 9월에 신학교에 갈 수 있게 된 것이 내게는 큰 위로가 되었다. 나는 약간 휘어진 팔 때문에 군에 입대하지 않고 바로 신학교 예과에 진학할 수 있었으며, 군에 못 갔으니 남보다 3년 일찍 신학 공부도 마칠 수 있었다. 이 또한 주 하나님이 나에게 베푸신 특별한 은혜였다.

함양중앙교회는 3월에 신축 대지에 천막을 쳐 임시 예배 처소를 마련하고 예배를 드렸다. 교회 건축은 5월에 시작되었다. 신학교의 입학이 9월이므로 약 4개월의 여유가 있었다. 나는 입학시험 준비를 하면서 이 4개월 동안 민영석 전도사님과 함께 건축 일을 몸으로 도왔다. 당시 함양중앙교회에 열심 있는 봉사자로 밥을 해 나르며 신축을 도운 분은 남편을 잃고 혼자 사는 안영숙 여집사였다. 이 집사님은 수년 후에 상처한 김희도 목사님과 재혼했다. 내가 신학교에 가고 9월이 지난 후 그동안 자신의 재산을 바치고 헌신해 온 민영석 전도사님은 어떤 사정인지는 잘 모르지만, 그 교회를 떠나 다른 교회로 옮겨 가셨다.

3. 신학교 입학과 신학교 생활

고려신학교-부산시 광복동1가 7번지

1954년 9월 부산으로 내려와 고려신학교에서 예과 입학 시험을 보았다. 학과목 시험을 치르고 면접하여 입학이 허락되었다. 20명 이상의 학생들이 예과에 입학했다. 당시 학교에는 예과, 본과, 별과가 있었다. 예과에는 고등학교 졸업생을 받고, 본과에는 예과를 거치거나 대학을 졸업한 사람들을 받아들였으며, 별과는 성경학교를 졸업했거나 전도사로 수년간 봉사한 분들을 받아들였다.

고려신학교는 1946년 9월 20일에 부산진에 있는 금성중학교 한 교실을 빌려 개교한 후 얼마 동안 학교 자체의 건물을 마련하지 못하고 초량교회 유치원 등으로 옮겨 다녀야 했다. 그래서 당시 고려신학교는 '보따리 신학교'라는 별명을 얻었다. 그러다 드디어 1947년 봄 부산 용두산 아래 언덕바지, 광복동 1가 7번지에 있는 과거 일제 식산은행 직원들의 기숙사였던 건물을 얻어 겨우 자리를 잡게 되었다. 이 적산건물을 확보하는 데는 미 정통장로교회에 속한 한부선 선교사를 위시하여 미선교사들의 도움이 컸다. 당시 남한은 승전국인 미군정청 아래 있었기 때문에 미국에서 온 선교사들은 비교적 쉽게 이 적산가옥을 교섭하여 얻어 사용할 수 있었다. 내가 입학했을 때는 학교가 이곳에 자리를 잡은 후였다.

당시 용두산 주변에는 육이오 사변으로 서울을 위시한 여러 지방에서 온 피난민들이 사는 판잣집으로 가득 차 있었다. 내가 입학했던 바로 그해 겨울 큰 불이 나서 용두산 일대의 판자촌이 불바다가 되었다. 이때 우리는 학교의 도서를 밖으로 옮겨야 했다. 그러나 다행히 신학교 건물은 손실을 보지 않았다.

내가 입학하던 해에 고려신학교는 앞으로 신학교육의 질을 높이기 위해 지금까지 고등학교 졸업생을 받아 2년 과정의 예과과정을 거친 후 본과과정을 밟게 하던 것을 4년 과정의 대학과정으로 수준을 높이기로 하고 학생들을 받아들였다. 이것은 당시 고려신학교만 가진 높은 수준의 신학교육에 대한 비전이었다.

당시 학교의 시설은 학교라고는 생각할 수 없었다. 옛날 은행종업원들이 지내던 기숙사 그대로 방에는 일본식 돗자리가 깔려 있었다. 이 방이 교실이 되고 침실도 되었다. 낮에는 낮은 간이 책상을 앞에 놓고 앉아 강의를 받고, 밤이면 책상을 뒤로 물려 재어 놓고 거기 이불을 펴고 잠을 잤다. 하지만 이런 시설에 불만스러워 하는 친구들은 전혀 없었다. 서로 인내하고 서로를 격려하며 오히려 감사하고 지냈다.

당시 육이오 전쟁을 치른 한국의 가난은 오늘을 사는 사람들이 상상할 수 없는 정도였다. 그러므로 신학생들은 형언할 수 없는 어려운 생활을 했다. 식당이 있어 세끼 밥을 사 먹을 수 있었으나 식탁에는 언제나 작은 그릇에 깎은 듯이 담긴 밥, 미국에서 구호 식량으로 온 콩가루를 풀어 넣은 우거짓국, 찬으로는 짠 김치 한 가지뿐이었다. 밥그릇에 있는 밥을 국그릇에 부으면 국이 넘쳐나지 않고 한 그릇이 되었다. 밥을 먹고 두 시간이 지나면 젊은 우리는 허기를 느꼈다. 그런데 당시 어떤 학생들은 이것조차 사 먹을 형편이 못되어 며칠 먹을 보리 주먹밥을 집에서 싸오는 일도 있었다.

고려신학교는 광복동 1가 7번지 작은 건물에 계속 머물 수는 없었다. 좀 더 넓은 땅을 마련하여 학교를 지어 옮겨야 했다. 마침내 1954년에 부산시 서구 암남동 산 34번지에 1만 3천여 평의 언덕바지 땅을 마련하게 되었다. 신학교용 8천 평과 복음병원용 5천 평을 마련한 것이다. 이 땅을 확보하는 데는 여러 뜻있는 분들의 헌금이 뒷받침이 되었다. 그곳에 교사 단층 3동 594평을 지었다. 건축을 위해서는 육이오 전쟁 시 한국의 재건을 돕던 '주한 미국군사원조단'의 도움과 미 기독개혁교회(CRC)의 도움이 컸다. 건축 당시 신학교에서 공부하던 우리 학생들도 땅을 파고 다지는 일에 여러 날 봉사했다. 전국에 있는 뜻있는 성도들도 와서 몸으로 도왔다. 결과 1955년 새 건물이 완성되어 신학교가 광복동에서 송도로 옮기게 되었다.

칼빈학원: 감천에서의 생활

고려신학교 이사회는 신학교육을 국제수준으로 끌어올리기 위해 예과 2년 과정을 인문학 중심의 대학 4년 과정으로 개편하여 신학교로부터 완전히 분리된 인문학 중심의 대학을 설립하기로 했다. 이사회는 이 일을 한명동 목사(한상동의 동생)에게 맡겨 추진하게 했다. 한명동 목사는 제네

바에서 칼빈이 하나님 나라 건설을 위한 일꾼들을 길러 내기 위해 1559년에 세운 제네바 아카데미를 모델로 생각하고 이 대학과정을 '칼빈학원'이라 이름 지었다. 문교부 당국의 승인을 받아 대학을 세우는 것이 목표였다. 그는 원장으로 이 학원을 명실공히 개혁주의 칼빈대학으로 육성시키고자 심혈을 기울였다.

1955년 9월 '칼빈학원'은 부산 감천에 있는 영국 부대가 사용하던 막사를 인수하여 그리로 옮겼다. 전임교수로 김진홍 목사는 어학, 구약을 가르쳤고, 장석인 목사는 철학을 가르쳤다. 김진홍 목사는 평양 숭전부터 박윤선 교장의 친구였고 매우 신사다운 분이었으며, 장석인 목사는 당시 사상계 잡지를 내던 장준하 씨의 아버지로 묵중한 인격의 소유자였다. 한부선 선교사 부부, 마두원 선교사 부부가 강사로 도왔다. 그리고 조용석이라는 같은 이름을 가진 두 분과 이정빈, 이 세 분이 강사로 있었는데 이들은 모두 서울대 출신이었다. 교수들은 무섭게 공부를 시켰다. 특별히 영어, 독일어, 헬라어 등의 어학이 강조되었다. 때문에 이름이 알려져 문교부(교육부)의 인가가 있는 부산대, 숭실대, 해양대 등으로부터 전학해 오는 학생들도 있었다. 학생들이 준비 없이 수업시간에 참석했을 때는 교수들로부터 호되게

꾸중을 들어야 했다. 학업을 따라오지 못할 때는 사정없이 낙제를 시켜 예과에 입학할 때에는 20여 명이었으나 졸업할 때는 13명뿐이었다. 이 초기 칼빈학원을 졸업한 동기 동창 중에 한국장로교계 안에서 활동하고 널리 알려진 몇 분을 들면 김의환, 차영배, 장상선 등이다.

하지만 감천에서 학생들의 생활은 쉽지 않았다. 철판으로 된 막사가 기숙사요, 교실이었다. 난방이 없는 철판 막사이니, 겨울에는 견디기 어려울 만큼 추웠다. 우리는 거기서 접었다 폈다 하는 군용침대에서 잤으며, 겨울밤에 공부하는 시간에는 석유난로를 몇 시간 켜서 견딜 수 있었으나, 잘 때는 끄게 되어 있어 아침에 일어나면 잉크가 얼어붙어 있을 때도 있었다.

나는 이때 특별히 경제적으로 많은 어려움을 겪었다. 가정으로부터 경제적인 도움을 받을 수 없는 형편이 되었기 때문이었다. 이때 아버지는 이미 별세하셨고 형이 집안을 책임지고 있었다. 농촌에서 농사만 하는 형에게 예수를 믿을 수 있는 환경을 마련해 주기 위해 함양중앙교회 옛 건물을 사게 해서 함양읍으로 옮기게 한 것이 오히려 그에게 큰 어려움을 가져왔다. 농촌에 살던 순진한 형이 함양읍에 와서 시장가에 살면서 사기꾼들에게 말려들어 모든 재산을 단번에 잃어버렸다.

형은 함양지방의 송판을 트럭으로 운반해 부산에 팔기 위해 왔다고 하면서 한번은 학교로 찾아왔다. 그 무렵 부산에는 피난민들이 머물 판잣집을 짓기 위해 많은 송판이 필요했다. 그때 형은 한 학기 등록금(오천 원)과 생활비 얼마를 주었다. 이후 영영 소식이 끊겼다. 1956년 여름 방학이 되어 어머니를 뵙고 형을 만나고자 함양에 있는 집을 찾아갔더니, 낯선 사람들이 살고 있었다. 사기꾼들에게 속아 재산을 다 날리고 빚 때문에 집을 넘겨주고 어디론가 떠났다는 것이다. 함양읍에서 가까운 죽곡 마을에 이모가 살고 있어서 찾아가니, 형의 가족은 그 마을에 와서 무너져가는 초가집에서 형언키 어려운 생활을 하고 있었다. 그 가운데서도 믿음이 있는 어머니는 모든 것을 참으며 형을 격려하고 가난을 견디어 내게 하였다. 낭패와 실망을 당한 후 형은 늦게나마 주님께로 돌아와 믿음으로 살다가 2007년 12월에 별세하였다. 어머님의 끊임없는 기도의 결실이었다. 그의 자녀들 가운데는 현재 목사(허창수)와 장립집사(허성수)도 나게 되었다.

형이 모든 재산을 잃은 후, 나는 경제적으로 더 큰 어려움을 겪게 되었다. 다행히 매 학기 성적이 잘 나와 성적 장학금을 받아 등록금은 해결할 수 있었다. 하지만 식생활이 문제였다. 이때 내가 신학교에 가도록 동기를 제공한 모교회 목사님이었던 박태수 목사님 내외분이 나의 딱한 사정을 알아채고 한 번 송금을 해주어 큰 도움이 되었다. 그들은 내게 참으로 형님과 누님과 같은 분들이었다.

나는 한 학기 식생활을 해결하기 위해 밤마다 식당에 물을 길어 나르는 일을 했다. 당시 막사인 식당에는 수도 시설이 안 되어 있어 약 백 미터 떨어져 있는 샘에서 물을 길어와 큰 드럼통 셋을 채워야 했다. 오늘 생각하면 매우 원시적인 생활이었다. 혼자 물을 길어다가 채우려면 밤에 한 시간 반은 걸려야 했다. 그런데 동급생 친구들이 함께 길어주었기 때문에 삼십분이면 일을 마칠 수 있었다. 그 후 식당 일에 이력이 생겨 학우회에서 운영하는 식당 운영을 맡아 일 년 동안 식생활을 해결하기도 했다.

한 학기에는 동급생인 옥치상(서울 사랑의 교회를 섬긴 옥한흠 목사의 삼촌)이 자기 모교회에 교역자가 없다고 하면서 몇 달 동안 가서 도와 달라고 했다. 그 교회는 거제도

의 가장 깊은 산중에 있는 '삼거리교회'(현재 저높은교회)
였다. 이 교회가 거제 섬 가장 깊은 산골에 있는 작은 교회
였지만 여러 목사를 배출했다. 이기진, 옥치상, 옥한흠 목
사 등이 원래 그 교회의 출신들이다. 부산에서 그곳까지 가
는 길은 정말 어려웠다. 부산 중구 남포동에서 통통배로 출
발하여 거제도까지는 거의 3시간 이상이 걸렸던 것으로 기
억된다. 도중에 배가 너무 흔들려 뱃멀미를 앓고 토하는 분
들이 많았다. 나도 그런 사람들 중의 하나였다. 고현에서 내
려 한 시간 이상의 산길을 걸어야 삼거리에 도착하였다. 매
우 힘든 길이었다.

나는 아직 신학생이 아니니 설교학을 배우지 않았다. 경
건회 시간에 교수들의 설교를 듣고 그것을 녹취해 두었다
가 그것을 열심히 소개함으로 설교하는 흉내를 내었다. 뒤
에 이를 생각하고 부끄럽게 여겼다. 삼 개월을 왕래하며 교
회를 도우면서 보람을 느꼈다. 그러나 거기 봉사한 것이 나
의 경제적인 문제를 해결하는 데 큰 도움이 되지는 않았다.
이때가 신학교 졸업할 때까지 장기간 교회를 설교로 돕게
된 유일한 기회였다.

진주 복음병원 서기와 가정교사

1957년 이럭저럭 어렵게 칼빈학원 4학년 첫 학기를 마쳤다. 하지만 마지막 학기인 둘째 학기를 계속하는 일이 막연했다. 한 해 쉬면서 학비를 모아 공부를 계속하기로 마음먹었다. 그래서 진주 성북교회에 시무하는 김춘항 목사님의 소개로 진주 봉래동교회 울안에 있는 복음병원에 서기 겸 전도사로 들어가 한 해 동안 봉사하기로 했다. 이 병원은 당시 진주 봉래동교회에 시무하는 황철도 목사가 해방 전에 호주 장로교회가 운영하던 배돈병원 자리에 부산 복음병원과 같은 구호병원을 세울 생각을 가지고 봉래교회의 장로인 한 의사와 부산 복음병원에서 장기려 박사를 도우며 봉사하던 간호원인 그의 딸을 불러와 운영했다. 나는 8월 중순에 이 병원에 와서 아침에 직원예배를 인도하고 서기로 봉사하며 지내게 되었다.

그런데 일을 시작한 지 세 주간이 된 때였다. 칼빈학원에서 같은 학년에 공부하던 친구들이 수학여행 도중에 진주에 들렀다. 이 수학여행에 동행한 교수는 철학을 가르치던 장석인(張錫仁) 목사였다. 그들은 하룻밤을 여관에서 지내고 그 이튿날 나를 함께 찾아왔다. 장 교수님이 자기가 나의 등록금을 내고 학우들이 함께 생활비를 부담하기로 합의를 했으니 당장 부산으로 내려가 공부를 계속하자는 것이었다. 바로 가게 되면 아직 그 학기 수업일수를 채울 수 있다고 했다. 나는 주저하면서도 교수님과 동료들의 진정한 사랑을 거절하기 어려웠다. 장 교수님이 병원 당국에도 양해를 구했다. 그래서 다음 날 나는 짐을 꾸려 부산으로 다시 내려가 학업을 계속하게 되었다. 모두가 하나님의 사랑과 은혜의 선물이었다.

부산, 감천에 있는 학교로 내려와 보름이 지났을 때였다. 내게 하나님은 다른 새로운 길을 열어 주셨다. 고려신학교 교장 박윤선 박사님 가정에서 중학교에 갈 딸을 위해 가정교사를 구하면서 나를 찾는다는 소식이 들려왔다. 이 소식을 듣고 곧 가서 박 교장님을 만났다. 그는 학교에 다니면서 저녁에 딸의 공부를 돕고, 식사는 자기 집에서 하면서, 교장실에 침대가 있으니 밤에는 거기서 지내라는 것이었다. 집 없이 지내던 노숙자가 갑자기 고급 호텔에 드는 기분이었다. 감천 칼빈학원 안에서는 기숙사라는 것이 철판으로 된 영국군 막사이고, 그 안에서 겹치고 펴는 딱딱한 군용침대에서 잤다. 난방시설이 제대로 되어 있지 않아 겨울밤에는 추위를 이기기 어려웠다. 이제 식생활을 염려하지 않고 부드러운 침대에 자며, 걱정 없이 학교에 다녀 남은 학기를 마칠 수 있게 되었다. 내가 가르치던 박은란은 이듬해 봄 부산 남산 여중에 입학하였다. 나도 그해 봄에 칼빈학원을 졸업하고 신학교 본과 입학 준비를 했다.

칼빈학교 졸업(제3회 1958년)

4. 박윤선 교장을 돕던 시절

비서 생활

은란이가 중학교에 입학하게 되자 박윤선 교장은 앞으로 자기 비서(조교)로 봉사해 달라고 부탁하셨다. 나는 무엇보다 그에게서 많은 것을 배울 수 있는 절호의 기회라 생각하고 그 부탁을 감사히 받아들였다. 1958년 봄 나는 칼빈학원 4년을 졸업하고 신학교 본과에 입학하게 되었다. 칼빈학원을 졸업할 즈음 원장으로 수고하시던 한명동 목사님이 부르시더니, 자기가 목회와 학교 양쪽 일을 하면서 너무 바쁘고 외국과 서신 교환도 해야 하는데 자기 비서로 들어와 이런 일들을 도와달라고 부탁하셨다. 하지만 나는 이미 박 교장의 부탁을 받은 형편에 있어 그 청을 받아들일 수 없었다.

이제 신학교에서 공부하면서 나머지 시간에 박 교장을 돕게 되었다. 그가 계속 주석을 쓰고 있어서 그의 원고를 4백 자 원고지에 정리하여 인쇄소에 보내고 인쇄 교정을 보는 것이 주로 하는 일이었다. 당시에 책을 내는 일은 컴퓨터로 작업하는 오늘과 비교하면 노력, 시간, 비용이 무척 많이 들었다. 원고가 완성되면 인쇄소에서 원고를 받아 활자로 판을 짜게 되고, 이 활자판을 한 장 한 장 종이에 복사하여 돌려주면 교정을 보고, 인쇄소는 교정한 대로 활자를 다시 정리하였다. 이렇게 해서 3교, 4교까지 보아야 인쇄에 들어가게 되었다.

박 교장은 국내외에 편지를 종종 써야 하니 한글과 영문 타자기 치는 것을 속히 배우라고 했다. 책을 보고 스스로 한글 타자기 치는 것을 먼저 익히고, 다음으로 영문 타자기 치는 법을 익혔다. 몇 달 후에는 제법 능숙하게 칠 수 있었다. 이것은 후에 내가 외국에 유학하면서 논문을 쓰는 일에 크게 도움이 되었다.

여름 방학이 되어 잠시 고향 지역에 가서 여름성경학교를 인도하며 지내다 돌아왔다. 박 교장 댁에 돌아와 보니 중학교에 입학한 은란이의 모습이 보이지 않았다. 사모님에게 물으니 갑자기 백혈병으로 죽었다는 것이다. 너무 놀랐다.

이 아이는 전처에게서 낳은 딸이었다. 박윤선 교장은 1953년 네덜란드 자유대학교에서 유학하던 중 그의 아내가 미군 차에 치여 갑자기 죽음으로 연구생활을 접고 돌아와야 했던 슬픈 일이 있었다. 현재의 사모님(이화주)은 일찍이 월남해서 고려신학교에 입학하여 1952년에 졸업하고 전도사로 봉사하다 박 교장과 재혼하게 된 분이었다.

세상에 사는 동안 주님의 신실한 종들이라고 해서 슬픔과 불행스런 일에서 벗어나 살 수 있는 것은 아니다. 박 교장은 당시 그의 첫 아내와 딸 은란을 잃은 외에도 그의 마음을 찌르는 가시가 있었으니, 그의 장자(춘호)가 믿음에서 떠나 생활하면서 그를 많이 괴롭게 했다. 밤에 술에 취해 집을 찾아와 문을 부수고 돈을 요구하는 일도 종종 있었다. 그는 여러 해 후에 다시 주께로 돌아왔다고 들었다.

세상에서는 하나님의 뜻대로 살고자 전심을 기울이고 사는 종들에게도 고난이 많다. 칼빈과 같은 큰 종도 31살에 결혼하여 자녀 셋을 얻었으나, 그들 모두를 출생 전후에 다 잃었고 결혼생활 9년 후에 아내도 잃었다. 그는 평생 여러 가지 병을 앓았다. 사람은 할 수 없는 처지에서 주를 더욱 의지함으로 더욱 강한 자가 될 수 있는 것으로 여겨진다. 신학자로서의 박윤선 교장은 신학과 영
력을 두루 갖춘 신학자로 잘 알려
졌다. 그의 슬프고 괴로웠던 환경
이 주님만 더 바라보고 의지하게
함으로 더욱 능력 있는 종이 되게
한 것이라고 생각된다.

새벽이면 그는 교장실에 나와
서 기도를 했다. 그때 나는 미리

박윤선 박사

깨어 옆방 도서실로 옮겨 기도했다. 어느 날 새벽, "나는 할
수 없는 죄인입니다."라는 말만 수없이 반복하는 그의 기도
소리를 들을 수 있었다. 그는 슬프고 어려운 환경 속에서 겸
허한 자리를 찾고 모든 것을 극복할 하나님의 은혜를 간구
한 것으로 생각했다.

나는 고려신학교 1학년 때인 1958년 초부터 그를 돕기 시
작하여 그가 고려신학교를 떠나게 된 1960년 10월까지 계속
했다. 이때는 내가 졸업을 바로 앞둔 때였다. 만 3년 동안
수업을 받는 시간 외에는 교장실에서 늘 그와 함께 지냈다.

나는 신학교 재학 중 박 교장을 밤낮으로 도와 원고를 정

리하고 인쇄 교정을 보는 일로 시간을 보냈으므로 교회에 나가서 실제로 봉사할 기회를 얻지 못했다. 그 대신 그의 옆에서 지내면서 많은 것을 배웠다. 그의 경건한 학문적 태도를 배우고, 단순한 복음주의적 근본주의 신학이 아닌 개혁주의 신학이 무엇인가를 조금 알기 시작하고 이를 동경하게 되었다. 나는 그가 한국교회에 처음으로 단순히 근본주의나 복음주의가 아닌 바른 개혁주의 신학을 알고 소개하기 위해 노력한 분이었다고 생각한다.

그는 일제 시 웨스트민스터 신학교에 두 번 유학하면서 첫 번째는 미국계 장로교 정통 신약 학자인 메이첸(G. Machlen)에게 주로 배웠고, 두 번째는 네덜란드계 개혁주의 변증학 신학자 밴 틸(C. Van Til)에게 배웠다. 특별히 그는 밴 틸의 신학에 매료되어 네덜란드 개혁신학에 접근하기를 간절히 바랐다. 당시 칼빈주의 3대 신학자 중 미국인 벤저민 워필드를 제하고 두 분인 아브라함 카이퍼와 헤르만 바빙크가 네덜란드인이었기 때문이었다. 이를 위해 그는 네덜란드어를 독학하여 네덜란드 신학서적을 읽을 수 있었다. 그리고 1953년에 네덜란드 자유대학교에 유학했다. 그래서 그의 주석에는 처음부터 네덜란드 신학자들의 주해가 많이 인용된 것을 볼 수 있다. 그의 영향으로 당시 고려신학교 학생들 가운데 상당수가 네덜란드어와 네덜란드 신학에 대한 관심을 많이 두게 되었다. 그는 한국에서 네덜란드어로 된 신학서적을 읽을 수 있는 첫 번째의 신학자였다. 박윤선 교장은 여러 언어에도 정통했다. 어릴 때 사서삼경을 읽어 한문에 능했고, 영어, 일어, 독일어, 네덜란드어를 다 독해하는 분이었다.

그는 기존 한국의 장로교회 신학은 미 복음주의적 근본주의의 틀을 벗어나지 않았으며, 한국에는 아직 바른 개혁주의가 소개되지 않은 것으로 생각했다.(그의 자서전 55, 56쪽) 그래서 그는 '오직 성경'(Sola Scriptura)의 기반 위에서 자연주의적 사색주의적인 합리주의를 배격하고 순초자연주의, 타율주의, 계시의존주의를 강조함으로 그가 깨달은 개혁주의 신학을 강조했다. 그때 나도 개혁신학의 중심을 파고들려면 네덜란드어를 독해하고 아브라함 카이퍼, 헤르만 바빙크, 클라스 스킬더의 글을 읽어야 한다는 것을 알고 영어로 된 네덜란드어 문법책을 사서 자습하기 시작했다.

박윤선 교장의 주례로 결혼

박 교장을 도와 오는 동안 나는 1959년 3월 31일 진주 봉래동교회에서 그곳 복음병원의 간호원, 황영희와 혼인하게 되었다. 내가 칼빈학원 4학년 때 몇 주 동안 병원의 서기 겸 전도사로 있으면서 서로 알게 되었고, 그 후 신학 동급생 김재명의 중매로 혼인하게 되었다. 이때 박윤선 교장이 주례를 섰다. 그의 주례설교가 거의 한 시간 가까이 걸려 예식이 한 시간 반이나 계속되었다. 그가 설교 중에 한 이야기는 잊히지 않는다. 미국 프린스턴 신학교의 교수 워필드(B. B. Warfield) 박사가 독일에 유학할 때 그의 아내가 사고로 장애인이 되어 평생 휠체어 생활을 했다고 한다. 그런데 그는 늘 그의 아내를 휠체어에 태워 밀고 와서 강의실 맨 뒤에 두고 강의를 했다고 했다. 그는 어떤 일이 있어도 아내를 평생 사랑하고 잘 돌보라는 뜻으로 말했지만 나는 그런 훌륭한 남편은 되지 못했다. 1966년 네덜란드에 유학을 떠나게 되었을 때 어린 사남매를 아내에게 맡겨두고 떠나 혼자 6년 동안 양육하면서 어려움을 겪도록 했기 때문이다.

5. 박윤선 교장이 받은 시험

박사 논문 때문에 받은 시험

박윤선 교장은 그의 아내의 갑작스러운 죽음 때문에 네덜란드 유학생활을 중단하고 1954년 3월에 귀국한 후 다시 돌아가 박사학위 과정을 마칠 수 있기를 바랐다. 그가 한국으로 돌아올 때, 지도 교수(Schippers)로부터 논문제목을 받아왔기 때문에 논문을 준비하고 다시 돌아가 거기서 이를 완성하고 학위를 받기 원했다. 그래서 그는 그동안 주경작업을 하면서도 그가 받아 온 논문제목을 안중에 두고 연구하며 강의를 준비하고 어느 정도 논문의 대요를 작성했다. 나는 이를 타자하여 도왔다. 논문을 위해서는 유교의 경전이라 할 수 있는 사서삼경, 불교의 금강경을 위시한 중요한 불경들, 한국 천도교의 교리를 깊이 살폈다. 그가 논한 핵심은 기독교는 하나님이 친히 세우신 언약의 종교이지만 불교, 유교, 천도교 같은 이교는 인간의 두뇌로 생산된 종교로서 이런 언약적 요소를 발견할 수 없다는 것이었다.

박 교장은 이사회의 허락을 받고 네덜란드에 가는 것을 목표하고 우선 논문을 보충하고 정리하기 위해 1959년 12월 성탄절을 지내고 바로 미국 필라델피아에 있는 웨스트민스터 신학교로 떠나게 되었다. 나는 박 교장의 가족과 함께 서울에 가서 한 집사 가정에서 성탄을 함께 지내고 김포공항에서 그를 환송하고 돌아왔다. 그런데 5개월 후인 1960년 5월 29일에 그는 돌연 미국에서 귀국하고 말았다. 그에게도 큰 실망이었거니와 주변에서도 놀랐다.

그는 교수회나 이사회에 어떤 면으로든 갑작스러운 귀국 사유를 밝혔을 것이다. 나는 그로부터 직접 그 이유를 들었다. 웨스트민스터 신학교에 머물면서 그의 논문의 대요를 지도 교수에게 보냈는데 논문 제목에 대한 그와 지도 교수 간에 이해가 달랐던 것이라고 했다. 그가 받은 논문 제목은 '신약과 이교사상'(New Testament and Paganism)이었다. 주임 교수는 신약에 내재한 사상이 이방 종교의 영향을 받았는지에 대한 연구를 요구했다. 그런데 박 교장은 자기가 동양 사람이니 신약의 입장에서 동양의 이교사상을 비교 연구 비판하라는 것으로 오해했다.

그가 그의 논문의 대요를 보내자 지도 교수는 그 논문의 내용이 그가 바라는 방향이 아니니 그 논문을 가지고는 이상 더 접촉할 필요가 없다는 것을 알려 왔다. 박 교장은 논문 작성 시 지도 교수와의 긴밀한 관계 속에 비판과 자문을 받아가며 써야 하는 네덜란드 대학들의 논문 작성 과정에 대한 사실을 잊었거나 몰랐던 것이다. 그는 지도 교수의 답장을 받자마자 새로 논문을 쓸 생각을 포기하고 바로 귀국길에 들어섰다.

귀국한 후 그는 그 실패한 논문 때문에 큰 시험에 빠져든 것으로 보였다. 그가 미국에서 돌아와 신학교에서 처음 경건회를 인도할 때 나는 이를 직감할 수 있었다. 그는 지난날과는 매우 다른 모습을 보였다. 이것은 몇 년 동안 그를 옆에 모셔온 나만이 느끼게 된 생각이었을 수 있다. 그는 첫 경건회를 인도하면서 "이제 나는 학위에 대한 욕심을 갖지 않고 무디(D. L. Moody)처럼 성경연구에만 전념할 것입니다."라고 했다. 이어 그는 설교 중 "현재 웨스트민스터 신학교 강단에는 담배 연기가 가득합니다."라는 말도 했다. 이 말을 들을 때 나는 남모르는 충격을 받았다. 이는 경건회와 전혀 관련이 없는 불필요한 말이라고 생각했다.

그에게 박사 학위가 꼭 필요한 것은 아니었다. 한국 교계와 고신교회에서 인정받고 있는 탁월한 신학자이기 때문이다. 그는 1954년 여름 국제기독교협의회(ICCC) 대회에 초청받아 미국에 갔다가 성경장로교회의 신학교인 신앙신학교(Faith Seminary)로부터 한상동 목사와 함께 명예신학박사 학위를 받았다. 그가 비판한 웨스트민스터 신학교는 1930년대에 그가 두 번이나 찾아가 공부한 학교요, 그가 학생들에게 추천해 온 학교이다. 그는 그 학교가 장로교회에 속한 신학교지만 유럽 개혁교회의 생활전통도 수용하여 일찍부터 흡연, 음주를 아디아포라로 여기고 있음을 잘 알고 있었다. 더욱 그가 스스로 찾아가 머물다 온 학교가 아닌가? 그런데 왜 저렇게 말씀하실까? 나는 혼자 별생각을 하며 염려했다.

지난해 12월 그가 웨스트민스터 신학교를 향해 떠날 때 그곳에 체재하는 동안 그가 논문을 위해 준비한 자료로 특강을 할 수 있을 것이라는 말을 내게 한 사실을 기억했다. 한국의 신학교 교장이요, 그 학교에서 일찍 석사 학위를 받은 분으로 이를 기대했을 수 있다. 하지만 그 학교가 이런 기회를 제공하지 않았던 것으로 생각되었다. 그가 그 곳에 가 있는 동안 네덜란드로부터 부정적인 반응의 편지를 받게 되고 그 학교에서 특강을 할 기회도 얻지 못하게 되었을 때 인간적으로 크게 실망하고 웨스트민스터 신학교에 대해서도 저런 부정적인 반응을 보이는 것이 아닌가 생각했다.

박 교장은 솔직하고 겸손하고 단순한 학자였고, 자기가 확신하는 것은 정치적인 손익에 대해 고려하지 않고 담대하게 밝히는 분이었다. 그럼에도 사람은 사람일 따름이었다. 개혁교회의 신앙고백은 "이 생애에서 우리의 최상의 선행조차도 모두 불완전하며 죄로 오염되어 있다."라고 했다.(하이델베르크 교리문답 제62문답) 여기서 우리 인간의 불완전성을 깨닫게 된다.

주일 성수 문제로 인한 시험과 그의 교장직 해임

박 교장이 미국에서 돌아온 지 겨우 두 달 지난 7월 어느 주일이었다. 그에게 정말 어려운 시험이 왔다. 박 교장은 미 정통장로교회 선교사 스푸너(A. B. Spooner) 목사가 안식년을 맞아 미국으로 가기로 약속된 배가 갑자기 주일에 떠나게 되었다는 소식을 들었다. 그는 육이오 전쟁 시 미 해군 엔지니어로 참전한 분이었고, 선교사로 나온 후 고려신학교도 많이 도와 온 분이었다. 박 교장은 택시를 불러 타고 스푸너 목사를 전송하기 위해 부산의 부두 안에 들어가 배에서 그를 만나 전송하고 나왔다. 당시는 육이오 전쟁을 겪은지 오래되지 않은 때이기 때문에 부두 안으로 들어가는 것은 엄격하게 제한되어 있었고 허락을 받는 데는 시간이 오래 걸렸다. 허락을 받아 방문하고 나오니, 주일 예배시간이 지나버렸다. 주일 아침 예배에 참석하지 못하고 다시 택시를 타고 집으로 돌아왔다. 이 사실이 세간에 알려져 고려신학교 교장이 주일에 택시를 타고 예배에도 출석하지 않음으로 주일 성수를 하지 않았다는 말이 퍼진 것이다. 이것이 이사회 회원들에게 알려졌다. 오늘날 같으면 누구도 문제삼지 않을 일이었다.

하지만 그 당시 대부분의 고려파 교회 신자들은 주일에 길이 멀어도 버스나 전차를 타고 교회에 가는 일이 없었다. 당시 신학생들이 초량에 있는 삼일교회(한상동 목사 시무)나 영도제일교회(박손혁 목사 시무) 예배에 자주 참석했는데 전차가 있었지만 타지 않고 먼 길을 걸어 다녔다. 사실이때의 주일 성수 개념은 개혁주의적 입장은 아니었고 청교도 입장보다 더 엄격했다. 당시 주일 성수의 분위기가 이러했으니, 주일에 박 교장이 택시를 탄 일과 주일 예배에 참석 못한 일이 밖으로 알려지면서 말썽이 있을 수는 있었다.

이 일로 이사회와 박 교장 양측이 서로 극단을 달리게 되었다. 이사회에서는 신학교의 책임자요, 교회의 지도자로 주일 성수 못한 일에 대한 도의적 책임을 지고 이를 어떤 면으로 보여 주기를 요구했다. 그러나 박윤선은 주일에 사세부득이한 일이나, 자비를 베푸는 일, 혹은 선한 일은 할 수 있다는 것이 성경의 교훈이라고 맞서면서 이 요구를 수용하지 않았다. 한국교회와 고려신학교를 위해 수고한 선교사가 주일에 갑자기 떠나게 되었는데, 신학교 교장으로 그를 찾아가 기도하고 전송하다 늦어 주일 예배에 참석 못한 것이 주일 성수를 범한 것으로 볼 수 없다는 것이었다. 양측은 팽팽한 평행선을 달림으로 긴장은 더해 갔다.

그때 나는 박 교장의 일을 도우면서도, 당시 안용준 교수가 편집장으로 있었던 고려파 교회의 월간지 '파숫군'의 편집을 실제 맡고 있었기 때문에 그때의 정황을 어느 정도 잘 파악할 수 있었다. 당시 양편의 글이 교차적으로 이 월간지에 실렸다. 결국, 양측은 서로 합일점을 찾지 못하고 이사회

측의 극단적 행정 조치로 끝나게 되어버렸다.

1960년 9월 24일 박 교장은 이사회로부터 교장직 폐지와 교수회장직 도입으로 교장직은 해임되고, 그의 교수직은 도의적 책임을 지는 표시가 있을 때까지 중지한다는 통고를 받았다. 이것은 그에게 내린 파문장이나 다름이 없었다. 그는 곧 학생들 앞에서 학교의 기구 변경으로 그의 교장직이 해임되고 교수직은 중지된 사실을 알리고 14년 동안 지켜온 고려신학교 교장 자리를 떠나게 되었다. 안타깝고 슬픈 일이었다.

당시 나는 그의 곁에 있으면서 학교 안팎에서 들려오는 여러 이야기를 듣고 보면서 안타까움과 실망을 금할 수가 없었다. 그때 이사회는 박윤선 목사의 주일 성수관에 동의한다는 이유로 이사회와 의견을 달리했던 한부선 선교사(교수)에게도 유사한 조처를 내려 학교를 떠나게 하였다. 이는 정말 이해하기 힘든 처사였다.

어느 특수한 시대의 교회생활관습이 진리의 표준이 될 수는 없다. 당시 고신교회의 주일 성수관은 청교도의 성수관 이상으로 엄격했고 지나친 면이 있었다고 할 수 있다. 상호 간에 더 깊은 대화와 이해가 있어야만 했다.

한부선 선교사 퇴출과 고려파 교회

한부선 선교사는 고려신학교 초기부터 고려신학교와 고신교회를 위해 크게 봉사하였다. 1946년 10월 초에 한국 부산에 와서 막 신설 개교한 고려신학교에서 가르치기 시작하여 계속 교수로 봉사했다. 그는 일제 시 1930년대에 웨스트민스터 신학교에서 박윤선과 함께 공부한 동창이었다. 그래서 그는 박 교장과 함께 교수로 고려신학교를 개교 이래 성심으로 도왔다.

학교 초창기 학교가 건물이 없어 떠돌 때 미군정청에 교섭하여 적산이었던 광복동의 전 식산은행 직원들의 숙소를 얻어 학교가 정착하는 일을 도왔으며, 1955년 송도에 신학교 건물을 신축할 때에도 '주한 미군 군사 원조단'에 교섭하여 건축자재를 공급받아 짓도록 했다. 이 외에도 한상동 목사가 초량교회를 떠나 삼일교회를 세웠을 때 미군에게 부탁하여 자재공급을 받게 함으로 교회당 신축을 도왔다. 이뿐만 아니라, 그는 고려신학교 설립 후 경제적으로 어려웠을 때에 주말에 지방교회에 나가 봉사하거나, 사경회에 나가 받은 사례비를 모두 신학교에 헌금하여 도왔다. 자기는 본국 선교부로부터 생활비를 받고 있기 때문에 한국교회로부터 받은 사례비는 자기를 위해 전혀 사용하지 않았다.

그동안 주변 많은 사람이 미국인 선교사 한부선 선교사가 한국인 한상동 목사와 같은 '한'씨 집안에 속한 것처럼 두 분 사이의 관계가 매우 두텁다고 말했다. 한부선 목사가 적극적으로 고려신학교를 도왔던 것은 첫째 그도 일제 말 만주에서 선교사로 봉사하면서 신사참배 항거문제로 한상동 목사처럼 일제에 의해 투옥생활을 하여 그를 신앙동지로 생각했기 때문이었고, 둘째는 웨스트민스터 신학교에서 함께 공부한 동창생 박윤선이 교장으로 봉사하고 있었기 때문이다. 그는 1930년대에 미국에서 웨스트민스터 신학교를 중심으로 정통장로교회가 선 것처럼 한국에도 고려신학교를 중심으로 참된 정통장로교회가 건설되기를 바라면서 도왔던 것이다.

그런데 그가 한상동 목사가 설립자요, 이사장인 고려신학교에서 크게 협력하고 도왔음에도 불구하고, 박윤선의 주일 성수관을 지지한다는 이유로 퇴출 당하고 만 것이다. 그는 박윤선 교장이 1959년 두 번째 네덜란드 유학을 목적하고 떠나 자리를 비웠을 때는 부교장으로도 봉사했다. 고려신학교에 대한 봉사를 논한다면 한국인 누구보다 큰 봉사를 한 분이었다. 그럼에도 고려신학교 이사회가 그때 그에게 취한 처사는 정말 이해하기 힘든 일이었다. 그의 퇴출을 알게 된 부산노회는 교섭위원을 내어 '이사회와 양인(박윤선과 한부선을 가리킴-저자 주)이 백지로 돌아가도록 권면하기'로 결의했다. 그러나 이에 대한 아무 결과가 나타나지 않았다.

하지만 한부선 선교사는 너그럽고 성숙한 하나님의 종의 모습을 보였다. 그런 환경에서 누구도 그에게서 나오는 불평이나 불만을 들을 수 없었다. 그는 그 후 고신이 승동 측과 합동, 환원이란 파동의 역사를 겪는 동안 중도에 서서 조용히 자기 맡은 일에 전념했고 1976년 은퇴 시까지 고려신학교가 필요하다고 하면 언제나 과거를 잊고 주저함 없이 도와주었다. 그는 정말 '성인'격인 하나님의 종이었다.

고신교회는 초창기부터 미 정통장로교회와 관계를 가지고 그 교회가 파송한 여러 선교사의 협력을 받았다. 하도례(T. Hard) 선교사도 한부선 선교사를 이어 평생을 고신교회를 위해 봉사했다. 선교사들이 철수하게 되었을 때는 총회

회관 건축 시 그들의 거의 모든 재산을 고신교회를 위해 헌납하기도 했다. 고신교회는 미 정통장로교회와 오랫동안 자매 관계 이상의 밀접한 관계를 맺어 오다 1993년에 공식적인 자매 관계를 맺었다. 이 교회는 비교적 작은 교단이지만 이 교회가 세계 장로교회에 미치는 영향은 그 크기를 훨씬 넘어서고 있다.

근년 들어 고신교회와 미 정통장로 교회와의 관계가 이완되어 가고 있음을 느낀다. 교회가 지난날 받아온 도움과 사랑을 잊어서는 안 된다. 처음부터 진리를 파수하고 사랑해 온 고신교회는 진리를 파수하고 추구하는 외국 교회들과의 끈을 놓지 말아야 할 줄 안다. 더욱 미 정통장로교회는 오랫동안 고신교회 진리 운동에 큰 도움을 준 교회요, 자매교회이다.

박윤선의 퇴출과 합동

고려신학교 이사회가 박윤선을 퇴출한 때는 고신교회 지도자들이 승동 측과의 합동을 적극적으로 추진하던 때였다. 장신 측은 1959년 총회에서 WCC 찬반 문제로 승동 측과 연동 측으로 분열되었다. 승동 측은 WCC 반대, 신학의 보수 등의 기치를 내세웠지만, 교장 박형룡의 실수로 잃게 된 3천만 환 사건이 연관되어 떳떳하지 못한 점들이 많았다. 상당수 사람이 그 분열을 정치적인 시각으로 보게 되었다.

이런 환경 가운데 승동 측은 분열 후, 사실상 모든 것을 잃고 신학교 교사도 없이 거리에 나 앉은 형편이었다. 저들은 하는 수 없이 국제기독교회협의회(ICCC)의 회장 맥인타이어로부터 조건 없는 보조의 명목으로 10만 불을 받아 작은 건물을 마련하기까지 했다. 분열 후 승동 측은 실질적으로 보수라는 명분을 내세우기 어려워 출구를 모색하던 중 보수의 명분을 세우기 위해 모든 교회가 보수로 인정하는 고신 측 지도자들을 1960년 8월에 만나 합동을 제의했다. 이 때 고신 측은 기다린 듯 이 제의를 적극적으로 수용하였다.

고신 지도자들이 이 제의를 적극적으로 수용하게 된 이유는 한국장로교계에 보수세력의 결집이란 큰 명분이 있었다. 하지만 고신교회는 승동 측처럼 합동을 그렇게 서둘 필요가 없었다. 10년 전 축출하고 축출당한 과거의 역사를 고려할 때 시간을 두고 접근하는 것이 옳았다. 하지만 고신 지도자들이 그렇게 서두르게 된 이유는 당시 겪고 있던 박윤선과의 갈등과 연관되었음을 알 수 있다.

고려신학교 이사회의 이사들은 고신교회의 핵심 지도자들이었다. 당시 이사회는 한 달 이상 주일 성수관 문제로 박윤선과 갈등을 겪어오는 중 마땅한 탈출구를 찾지 못하고 있었다. 1957년 2월 그가 교회 소송에 대한 항의로 교장직을 사면하고 서울로 옮겨 언약신학교를 세워 일하다가 이사회가 그의 뜻을 수용하기로 함으로 9월 하순에 다시 부산 고려신학교로 돌아온 일이 있었다. 그가 신학교를 떠나 있었던 한 학기 동안 신학교 학생들은 허탈감을 느껴 이사들에게 불만을 터뜨렸고, 고신교회들도 불만을 토로했다. 이 불만을 잠재우기 위해서 이사회는 박윤선의 뜻을 받아들이고 다시 모시지 않을 수 없었다.

지난날의 이런 역사적 사실을 잘 아는 이사들은 주일 성수 문제로 박윤선을 퇴출할 때 그의 빈자리를 메울 수 있는 신학자들이 필요한데 당시로써는 이것이 전혀 불가능했다. 구미에서 연구하고 있는 고려신학교 출신 몇 분이 있었으나 박사 학위 과정을 마치고 돌아오려면 아직 1, 2년을 기다려야 했다. 그렇다고 박윤선의 주일 성수관을 수용하고 양보하기는 원하지 않았다. 이럴 때 이사회는 탈출구를 승동 측과 합동에서 찾은 것이 분명했다.

이 사실은 고신 측 지도자들이 승동 측 지도자들과 만난 지 겨우 한 달 후인 1960년 9월 23일에 이사회가 박윤선 교장의 해임을 결의한 것을 보면 잘 짐작된다. 이날은 고려파 장로교회 총회가 모여 승동 측과의 합동을 목적하고 '합동 추진 위원'을 내고 정회한 바로 다음 날이었다. 고신지도 자들은 승동 측과 합하면 박윤선을 대치할 수 있는 신학자 들(박형룡 박사 등)이 있기 때문에 2년 전 박윤선이 떠났을 때와 같은 어려움은 없을 것이라고 생각했을 것이다. 그렇지 않고서야 교파의 합동을 그렇게 서둘 필요가 전혀 없었다고 본다.

사실 박윤선을 해임했을 때 항간에 여러 말이 떠돌았다. 당시 교회당 확보를 위한 소송문제(마산 문창교회)가 여러 해 계속되어 오고, 박윤선 교장이 이 문제에 대해 끊임없는 항의를 했다. 교계지도자들 상당수가 밖으로는 그의 소송 반대에 동의하면서 내심으로는 그에 대한 피곤을 느꼈다는 것이다. 갑자기 주일 성수 문제가 나타나게 되었을 때 교회 지도자들은 그의 기를 꺾을 기회를 포착하게 되었다. 당시 나는 교계 지도자들 가까이에서 지내면서 박 교장을 향해 '고만(高慢)하고 고집스럽다'고 하는 말을 들을 수 있었

고, '학자가 없음이 한탄스럽다'는 말도 들을 수 있었다. 당
시의 정황을 생각할 때 이 말들은 많은 뜻을 내포한 것이었
다. 이때 나는 어떤 일이 일어날 것인지 어느 정도 예감을 할
수 있었다. 박윤선도 당시 고려신학교 이사회가 이 기회에
자기를 퇴출하려는 의도가 있다고 판단했음도 분명했다.

박윤선이 해임되고 퇴출당했을 때 주변에서는 다른 풍문
도 떠돌았다. 한상동 목사가 그의 조카들과 측근이 구미에
서 연구하고 박사과정을 밟고 있기 때문에 그들에게 기대
를 걸고 퇴출했다는 것이다. 당시 그의 조카들(한상동 목
사의 동생 한명동 목사의 아들인 한기범, 한기태)이 1950년
대 초반에 고등학교를 졸업하고 바로 도미하여 유학 중에
있었고, 그의 다른 조카(그의 누이의 아들 이근삼)도 미국
유학을 거쳐 네덜란드 자유대학교에 가서 박사과정을 밟고
있었기 때문이다. 하지만 이때는 아직 그들이 공부를 마치
지 않았을 때이고 귀국할 형편에 있지 않았기 때문에 주변
사람들이 추측하고 불만 속에 퍼뜨린 소문이었던 것으로
생각된다.

고신을 떠난 박윤선

박윤선 목사는 교장 해임 통보를 받은 후 곧 사택을 떠나 이사를 했다. 그와 그의 가족은 당시 그의 주석 출판을 위해 봉사해 온 영음사 대표 이재만 목사가 부산 동래 장전동에 마련한 거처로 옮겨 가게 되었다. 이사한 후 며칠 지나 나는 박윤선 교장 댁을 방문했다. 그때 박윤선 목사는 토담집 방에 작고 낮은 식탁을 놓고 앉아 사도행전 주석을 쓰고 있었다. 하지만 그는 환하게 웃으며 맞아주었고 그의 얼굴에 쓸쓸하거나 실망의 모습은 전혀 찾아볼 수 없었다. 그는 정말 신앙적 낙관주의자로 보였다. 하지만 나는 그의 낙관적인 모습을 보면서도 처량함을 느꼈다. 그 후 얼마 안 되어 그는 서울로 옮겨 동산교회에서 목회하다 총신대 신대원에서 교수하고, 한국 신학자로는 처음으로 1979년에 신구약 주석을 완간했다. 말년에는 수원에 합동신학교(1980)를 세워 교장으로 봉사하다 1987년에 하늘 영원한 집으로 부름을 받았다.

고려신학교 졸업

1960년 9월 말 박윤선이 떠난 고려신학교는 빈집처럼 썰렁했다. 모든 학생이 허탈감을 느끼게 되었다. 그가 학교에 남긴 큰 자리를 누구도 메울 수 없었다. 당시 남은 교수는 이상근, 김진홍, 장석인, 안용준, 한상동, 박손혁 이었다. 사실 한상동, 박손혁은 목회를 하면서 학교에 교수를 하는 분들이었다. 전임 교수 네 분은 박윤선과 뜻을 같이하는 분들로 어느 때 고려신학교를 떠날지 모를 분들이었다. 이분들은 합동 후 복교, 환원 시 한 분도 고신으로 돌아오지 않았다. 3년 동안 박 교장을 도우며 함께 해 오던 나는 그를 떠나 보낸 후 남다른 허탈감에 젖어 지내게 되었다. 우리 졸업반 학우 21명은 남은 2개월을 이럭저럭 마치고 1961년 2월에 졸업했다. 고려신학교 15회 졸업이었다.

상: 고려신학교
15회 졸업(1961년)

하: 앞줄 좌측부터
어머니, 아내
오른쪽
장인 황철도 목사

6. 한상동의 복교 선언과 고신의 환원

고려신학교 복교 선언

고려신학교가 총회신학교에 통합된 지 아직 1년이 되지 않은 1962년 10월 17일 한상동 목사는 누구와도 상의 없이 총회신학교 부산분교에서 혼자 고려신학교 복교를 갑자기 선언했다. 자신이 1961년 합동된 총회의 총회장으로 사회할 때 신학교 단일화 결의를 했고, 경남법통노회와 고려신학교 학생들의 거센 반대에도 불구하고 신학교 단일화를 강행해 온 그가 갑자기 복교 선언을 한 것은 이해하기 어려운 일이었다. 그래서 사람들은 그것을 폭탄선언이라 불렀다. 그가 갑작스러운 복교 선언을 하면서 그 이유를 분명하게 밝히지 않았기 때문에 복교를 선언한 이유에 대하여 여러 가지 추측이 난무했다.

'총신 90년사'를 쓴 김요나는 1962년 총회 기간에 열린 신학교 이사회에서 한상동이 10년 유학 끝에 신학 박사학위를 받고 돌아온 그의 조카를 조직신학 교수로 천거했으나 이것이 받아들여지지 않자 복교를 강행했다고 했다. 특별히 박형룡 박사가 그의 천거를 '일언지하에 거절'했다는 것이다. 나도 그 사실이 복교를 선언하는데 가장 큰 동기를 제공했을 가능성이 있다고 생각을 한다.

한상동 목사는 자녀가 없었다. 하지만 그에게는 두 조카 (그의 동생 한명동 목사의 아들들)와 또 다른 조카(그의 누이의 아들)가 1953년에 도미하여 유학하고 있어서 큰 기대를 걸고 살아왔다. 1980년대에 귀국하여 고신대학 기독교교육학과 교수로 봉사하던 그의 조카인 고 한기태 교수(고 한명동의 차남)가 1986년 월간 고신 52호에 1971년 11월 그의 큰아버지 한상동 목사에게서 받은, 다음과 같은 편지를 공개했는데 그 내용을 보아 이를 충분히 이해하게 된다. 당시 한상동 목사는 미국에 가서 뉴욕에서 목회하는 그의 조카 한기범 목사의 집에 머물면서 미시간에서 그를 만나기 위해 찾아온 작은 조카(한기범의 동생 한기태)를 만나 며칠 함께 지낸 뒤, 그가 떠난 후 이 편지를 써 보낸 것이다. 그 편지를 그대로 옮긴다.

"기태야

큰 아버지 무정함과 냉정함을 용서하여라. 사실은 어제 낮 기태가 하는 말이 나는 오늘 밤 1, 2, 3時경에 간다하는 말을 듯고 순간 나는 슬픈 마음이 감돌았다. 二층으로 올라가 나의 無子함과 족하 子息이라도 이제는 나의 平生에는 볼 수 없으리라 생각됨에서 나이 70이니 은제 세상 떠날는지 몰은다는 생각에서 그만야 눈물이 솟아지기 시작하는데 견딜 수가 없었다. 나의 平生이 어려서 生家父母의 알뜰한 사랑을 받아 보지 못했고 또한 子息에게 알들한 사랑을 솟아 보지고 못한 나의 人生됨이 사랑에 심히 결핍한 사람이란 데서 나는 괴로웠다.

그러나 눈물의 헌적을 너희들에게 보이지 안으려고 무척 애를 섰다. 밤에 車소리만 나면 창문으로 내다 보다가 조금 누었다 이르나리라 한 것이 그만 잠이 들어 네가 떠나는 것도 보지 못하고 잠이 깨어 다시 잠드려 볼려고 애를 섰으나 이리 굴고 저리 굴고 하다가 아침이 되고 말았다. 나도 24日 후에는 떠나려 한다. 1973年 봄이라야 博士論文이 끝나겠다하니 나는 그때까지 살아 있을지 모르겠지만 기태야 남의 멀이가 될지언정 꼴이가 되지 안이 하라는 성경 말씀되로 되기를 기도하겠다. …… 아무쪼록 몸조심하고 성공하여 韓國에 돌아와서 큰아버지 세워 노

흔 神學校를 맡아 주기를 바란다. 떠나는 순간 네게 부탁
하고 싶헛든 말이다.

큰 아버지 서."

(맞춤법이 틀린 것은 그대로 옮긴 것임)

이 편지에서 큰 신앙가 한상동이 가졌던 인간 한상동의
다른 모습을 보게 된다. 그는 이 편지에서 무자한 그의 인
간적인 고독과 그의 조카들에 대한 큰 기대를 진솔히 드러
내고 있다. 그가 이 편지를 썼을 때 고려신학교가 1964년 고
신교회 총회 직영 신학교가 되었으므로 더 이상 사설 학교
는 아니었다. 하지만 원래 고려신학교가 그가 주동이 되어
세운 사설 학교였기 때문에 이때도 그는 자기의 학교로 여
기고 '큰아버지 세워 놓은 신학교를 맡아' 달라고 했다. 인
간으로서의 그의 정서를 잘 이해하면서 아무리 큰 신앙가
라도 인간적인 요인을 초월한다는 것이 쉽지 않다는 것을
깨닫게 된다.

1962년 이사회가 열렸을 때는 마침 그의 조카(그의 누이
의 아들 이근삼)가 네덜란드 자유대학교에서 신학박사 학
위를 받고 이미 귀국했을 때였다. 이것이 그에게는 큰 기쁨
이요, 보람이 아닐 수 없었다. 무자한 한상동은 그를 아들

처럼 생각하고 그가 유학하는 동안 그의 가족을 맡아 돌보아 왔다. 사실은 한상동 목사는 이근삼 부부와 이중으로 가까운 관계에 있었다. 한상동은 이근삼에게는 외삼촌이었고 그의 부인에게는 이모부였다. 그러므로 얼마나 서로 가까운 관계였는지를 잘 짐작할 수 있다. 무자한 그에게는 바로 아들딸과 같았다. 그때는 오늘날과 달리 신학자들이 매우 귀한 때였다. 따라서 그가 그의 조카를 교수로 천거할 때는 거의 백 퍼센트 자신을 가지고 했을 것임이 틀림없다. 하지만 그의 천거가 일언지하에 거절당한 것이다. 여기에서 그가 얼마나 큰 실망을 하였을까 하는 것은 충분히 이해가 된다.

하지만 나는 한상동이 복교를 결심하고 선언을 하게 된 것은 단순히 그의 천거가 거절당한 사건만 동기가 되었다고 보지는 않는다. 이 사건만 생각하면 그는 참고 다음 기회를 기다릴 수 있었으리라는 생각도 든다. 그가 복교 선언이라는 큰 결심을 하게 된 데는 이와 관련된 깊은 과거의 역사가 연계되어 있었다고 생각하게 된다.

먼저, 한상동과 박형룡과의 관계를 생각하게 된다. 박형룡은 1947년 10월 14일에 고려신학교 초대 교장으로 취임했으나 반년 후인 1948년 4월 말에 사임하고 서울에 올라가 6월에 중도 보수주의자들(한경직 목사계통)과 함께 '장로회신학교'를 설립하고 문을 열었다. 이는 분명히 고려신학교에 대한 신의를 버린 이탈 행위였다. 고려신학교는 개교 당시 그를 위해 교장 자리를 비워두고 이미 38선이 굳어진 때에 큰 비용을 들여 생명의 위험을 무릅쓰고 해로로 만주 봉천까지 가서 그와 그의 가족을 부산으로 데려왔다. 하지만 그는 한상동과 몇 가지 뜻이 맞지 않는다는 이유로 6개월 후에 이탈하여 서울에 가서 장로회신학교를 세웠다.

장신이 연동, 승동 양쪽으로 분열된 후 1960년 8월 승동 측 지도자들이 처음 고신 지도자들을 만났을 때(당시 참석했던 남영환 목사의 기록에 따르면) "박형룡 박사는 눈물을 흘리면서 48년도에 한 목사와 헤어진 것은 자신이 크게 잘못되었던 것"이라고 하며 새 출발을 제의했다고 한다. 그렇다면 그는 인간적으로도 한상동을 이해하고 정중하게 대하여야 했다. 그러나 그는 그렇지 못했다. 이사회에서 한상동이 그의 이질서를 조직신학 교수로 천거했을 때, 자기가 그 과목을 담당하고 있으므로 어느 정도 거북하게 생각할 수 있었다. 그러나 다른 사람이 아닌 그가 스스로 '일언지하'

에 거절한 것은 큰마음을 가진 대인의 행위도 신앙적인 행위도 아니었다. 한상동은 그 순간 다시 박형룡에게 배신당했다는 강한 심정을 갖지 않을 수 없었고, 즉시 함께 일할 수 없는 분이라는 것을 느꼈을 것이다.

그다음은, 노진현 목사와 한상동 목사의 관계이다. 노진현은 일찍부터 매우 정치적인 분이었다. 그는 해방 후 계속 부산 대청동에 있는 부산중앙교회의 목사로 고려신학교(당시 광복동 7가)와 제일 가까운 거리에 살았다. 하지만 그는 고려신학교 설립 초부터 거리를 두고 지냈고 돕지 않았다. 경남노회가 1946년 7월 고려신학교 설립을 인가했다. 하지만 자유주의자요, 친일 인물인 김길창이 노회장이 되고 그 일파가 노회의 실권을 잡았을 때 고려신학교를 무너뜨리기 위해 갖은 노력을 다했다. 인가를 두 번이나 취소했다. 총회는 경남노회가 고려신학교 노선을 지지한다 하여 경남노회에 크게 압력을 가했다. 이런 일이 3, 4년 계속되는 동안 노진현은 언제나 중도에 서 있었고 때를 따라서는 김길창 편의 손을 들어주었다.

1951년 경남(법통)노회를 제거하기 위해 총회의 특별위원들이 소위 '통일노회'를 조직할 때 중간파인 노진현은 김길창과 함께 이 노회 조직에 가담했다. 경남(법통)노회를 제거하기 위한 일에 가담한 것이었다. 1951년 5월 총회가 바로 노진현이 시무하는 부산중앙교회에 모여 고려신학 측인 경남(법통)노회를 축출하고 그 새 노회를 받아들였다. 이를 고려할 때 노진현은 고신 측을 축출하는 데 간접적으로 공을 세운 분이라고 할 수 있다. 따라서 지난날에 한상동과 노진현의 관계는 가깝지 않았다. 그럼에도 한상동은 그가 승동 측의 지도자로 전면에 나서 합동을 제의했을 때 그의 손을 덥석 잡고 합동을 추진한 것이다.

한상동이 그의 조카를 천거했던 이사회에서 노진현이 이사장으로 사회했다. 당시 한상동은 부이사장이었다. 당시 그의 천거가 박형룡으로부터 '일언지하'에 거절을 당하게 되었을 때 그는 이사장 노진현으로부터 어떤 지원도 받지 못했다. 이 순간 인간 한상동의 머리에는 지난날의 역사가 필름처럼 지나가고 백감이 교차했을 것으로 생각하게 된다. 그는 길을 들어도 너무 잘못 들었다 판단했을 것이다.

거절당했던 그 순간의 입장을 또 다른 면에서 생각해 본다. 노진현은 이사장으로 사회를 하고 자기는 부이사장의 자리에 있다. 한상동은 지난 15년 동안 고려신학교의 설립자로 이사장의 자리를 지켜왔다. 그때 그는 자신이 가진 이념이 있었고, 그의 뜻을 이사회에 적극적으로 반영할 수 있었다. 그러나 이제 형편이 달라졌다. 신학교의 단일화로 총회신학교는 총회 직영이 되었다. 합동 당시 고려신학교는 사설기관으로 법적으로는 이사회 회장인 한상동의 소유였다. 그는 학교의 단일화를 진행하면서 자신이 세워 가꾸어 온 학교를 총회에 헌납해 버렸다. 그는 학교를 헌납하면서 지난날처럼 이사장의 자리를 기대했는지 모른다. 하지만 이제 이사의 한 사람으로 제도상 손이 묶여 버렸다. 억울해도 호소할 곳이 없게 되었다. 박형룡이 '일언지하에 거절'을 해도 아무 말을 할 수 없고, 이사장이 침묵하고 이를 받아들여도 아무런 말을 할 수 없는 형편이 되었다.

그에게 주어진 부이사장의 자리는 체면상 주어진 공허한 자리였다. 1960, 1961년 두 총회에 이어 총회장으로 높이 높이 띄워졌다가 여지없이 나락으로 추락한 자신을 느꼈을 것이다. 대 정치가인 노진현 아래 부이사장으로 강등되어 앉아 이제 자신은 아무것도 할 수 없는 자리에 있음을 의식하게 되었을 것이다.

노진현의 이력을 살펴보면 다양하고 화려하다. 박형룡

이 소위 '삼천만 환' 사건으로 장로회 신학교 교장직에서 물러났을 때 교장서리 자리에 있었고, 1959년 장신총회가 승동, 연동으로 분열되기 직전 총회(1958)의 총회장이었다. 따라서 분열에 큰 역할을 했다고 볼 수 있다. 합동한 후에 그는 총회신학교 이사장이 되었다. 1970년대에 자기가 평생 봉사한 부산중앙교회에서 은퇴한 후 그 교회에서 분리해 나와 새중앙교회(현재 호산나교회)를 세우고, 합동(옛 승동) 측에서 이탈하여 합신 측에 가담했다. 그리고 그는 거기서 다시 이사장을 지냈다. 1940~1950년대 박윤선이 고려신학교 교장으로 있을 때 가까이 있으면서도 멀었던 분이 말년에 박윤선이 교장으로 있는 합신신학교 측에 가서 이사장이 되었다는 것은 그의 뛰어난 정치적 지략을 잘 보여 주었다.

이제 한상동은 늦었지만, 자의식을 가진 자기 자리로 돌아와 잘못 들어선 지난날을 후회하게 된 줄 안다. 이제 그에게는 오직 자신이 할 수 있는 하나의 길이 있다고 생각했을 것이다. 곧 자기가 주동이 되어 세워 운영해 온 고려신학교라도 되찾아야 하겠다는 생각이 그의 머리에 바로 떠올랐을 것이다. 합동 당시에 고려신학교가 고려파 총회 직영이 되어 있었다면 복교를 생각한다는 것은 그에게 전혀 불가능했을 것이다. 하지만 합동할 당시 고려신학교는 아직 그가 세운 사립학교였다. 고려파 총회 안에서 여러 해 총회 직영에 대한 논의가 있었지만 합동할 당시까지 사립학교로 있어 온 것이 그에게는 다행이었다. 고려신학교가 총회 직영이 된 것은 고신교회가 환원한 후인 1964년이었다. 그는 이제 어떤 욕을 먹더라도 헌납한(나의) 신학교라도 찾아야겠다는 절박감을 가지고 고려신학교 복교라는 결심을 하고 행동에 나섰던 것으로 여겨지는 것이다.

이와 같은 내적인 정황을 이해하면서도 고려신학교가 실질적으로 개인의 소유가 아닌 고려파 교회 지도자들로 구성된 이사회에 의해서 운영되어 온 고려파 교회의 공기관이었음을 생각할 때에 지난날의 이사들과 상의 없이 한상동 한 개인에 의해 행해진 복교 선언은 분명히 교회적인 질서를 벗어난 일이었다. 하지만 처음부터 고려신학교를 사랑해 온 다수의 교회는 합동 후 두 번의 총회를 경험하고 한상동의 복교 선언의 이면 사정을 이해하면서 이를 수용하게 되었다고 본다.

고신교회의 환원

한상동이 복교 선언을 했을 때 고려파 교회의 환원을 고려하지 않았을지라도 고려신학교 복교는 고려파 교회 환원의 한 신호가 될 수밖에 없었다. 역사적으로 고려신학교와 고려파 교회는 불가분의 관계에 있었기 때문이다. 합동 총회 후 두 번의 총회를 거치는 동안 대부분의 고려파 교회들은 사실상 합동의 결과에 대해 크게 실망했었다. 당시 나도 총회를 계속 참관하면서 승동 측 어떤 인물들의 난동과 정략적 동향을 보면서 합동의 미래에 대한 비관적인 생각을 했다. 결국, 1962년 총회 후 다음 총회가 이르기 전인 1963년 7월에 고신교회 환원 발기회가 조직되고 1963년 9월 17일에 환원 총회를 열었다.

이 환원 총회 역시 합동된 총회에 아무런 공식적 절차 없이 이루어진 일방적인 일이었다. 그동안 승동 측이 다수의 세를 이용하여 합동 원칙을 무시하고 종횡무진의 정치적 패권 행사를 해 온 것을 고려할 때 총회에서 공적으로 항의하고 당당한 이유를 내세우고 환원할 수도 있었지 않았나 생각을 하게 된다. 1961년 총회가 신학교 일원화 원칙을 파기하고 신학교 단일화를 결의한 후 경남법통노회는 이미 이에 대해 항의하는 결의문에서 "총회합동원칙과 선언문을 파기한 것은 곧 합동총회를 파기한 것이다."라고 했다.

이것은 바른 말이었다. 하지만 환원에 대한 정당성을 교회법을 따라 추구하지 않고, 신학교 복교 후에 교회가 뒤따라 환원을 해버린 것은 바른 교회 질서를 따른 것은 아니었다. 하나님의 말씀은 "모든 것을 품위 있게 하고 질서 있게 하라."라고 했기 때문이다.(고전 14:40)

이런 방법으로 복교하고 환원한 고려파 교회는 합동 시 590교회로부터 445교회로 줄었다. 145교회를 잃은 것이다. 하나님의 뜻을 깊이 살피지 않고 인간적인 요인이 연관된 졸속한 합동과 환원은 고려파 교회에 회복하기 어려운 영적, 수적 손상을 가져왔다. 교회의 주인은 사람(들)이 아니고 주 예수 그리스도이다. 교회의 주이신 그의 뜻을 깊이 헤아리지 않고 행한 졸속한 합동과 환원이 고려파 교회에 회복하기 어려운 손상을 초래하고 말았다.

주의 교회는 사람의 뜻과 지혜로 건설될 수는 없다. 교회는 어떤 어려움에 직면해도 인내하면서 교회의 주요, 왕이신 그의 말씀과 성령의 인도를 받아 해결의 길을 추구할 때에 보호를 받고 보존된다. 그리스도 예수께서 친히 그의 교회를 모으시고 보호하시며 보존하시는 주가 되시기 때문이다.(하이델베르크 교리문답 제54문답) 합동은 분명히 하나님의 뜻을 깊이 살피지 않고 행한 졸속한 처사였다. 그러기 때문에 환원하게 되었을 때 많은 것을 잃었다.

하지만 교회의 주 예수 그리스도는 인간의 실수와 많은 허물에도 불구하고 그의 교회를 보존하시고 이끌어 가신다. 여기 인간으로서는 이해할 수 없는 그의 교회에 대한 그의 놀라운 은혜와 자비가 나타난다. 교회의 주 예수 그리스도는 한국 기독교계에 고려파 교회를 통해 아직 하실 일이 있으므로 그의 자비를 보이신 것으로 생각하게 된다.

7. 서문로교회 봉사

　신학교를 졸업한 후 나는 한 달 동안 쉬면서 봉사할 자리를 위해서 기도했다. 이른 봄에 대구에 있는 서문로교회로부터 주일학교와 학생부를 지도하는 전도사로 봉사해 달라는 청을 받았다. 이제 나는 처음으로 전도사로 봉사하게 될 기회를 얻게 되었다.

　서문로교회는 장년이 400명 이상 모이는 당시로써는 꽤 큰 교회였다. 이 교회는 특별한 역사를 가지고 있었다. 1951년에 고려신학교의 노선을 지원하는 경남(법통)노회가 총회로부터 축출을 당했을 때 고려신학교의 노선을 지지한다는 이유로 '대구서문교회'로부터 제명을 당해 나온 김주오 장로와 5명의 여신도들(박복달, 신정순, 서옥련, 김계초, 서경애)이 중심이 되어 세워진 교회였다.

서문로교회 대학생들과 교회당(옛 불교 사원) 앞에서

내가 전도사로 들어갈 당시 김주오 장로가 1957년에 고려 신학교를 졸업하고 목사로 장립을 받아 봉사하고 있었고, 여전도사로 신정순 전도사가 돕고 있었다. 당시 서문로교회는 일제강점기에 일본인들이 사용하던 불교 사원을 사서 예배당으로 개조하여 사용하고 있었다. 어떻게 보면 매우 상징적인 면이 있었다. 하나님의 뜻에 순종하고 살려다 제명당해 추방되어 나온 분들이 이교(異教)의 전당을 점령하여 주 하나님을 예배하고 있었던 것이다.

당시 서문교회로부터 제명당해 나와 서문로교회를 설립

했던 5명의 여신도는 모두 미혼녀였고, 그 가운데 네 분은 후에 고려신학교를 나왔다. 그 가운데 박복달 씨는 육이오 전쟁 직후 여러 교회에서 사경회를 인도한 분으로 평생 서문로교회를 섬기다 별세했다. 신정순 씨는 평생 서문로교회 전도사로 봉사하다 은퇴했으며, 김계초 씨는 경북 지방 교회를 평생 섬기다 은퇴했다. 이분들은 모두 외부에서 서문로교회의 여걸들이라 불렸다.

신학교에 다닐 때에 나는 박윤선 교장을 돕고 있었기에 교회의 공적 봉사를 해 본 적이 없었다. 나에게는 전도사로서 서문로교회를 봉사하는 것이 최초의 공적 봉사였다. 처음에는 주로 주일학교와 학생회를 맡아 봉사했다. 주일학교를 봉사할 때에 큰 축복을 체험했다. 주일학교 교사들이 진심으로 잘 협력해 주어 처음 어린이가 300명 정도였으나, 얼마 후 400여 명 어린이가 모이는 좋은 결과를 가져왔다. 주께서 은혜로 복을 주신 것이다. 당시 교회에는 20명 이상의 대학생들이 있었고 이들 대부분이 주일학교 교사로 적극적으로 봉사해 주어 큰 힘이 되었다. 이 젊은 대학생들을 지도하고 그들과 교제하는 것은 매우 신선하고 즐거운 일이었다.

서문로교회 대학생들과 함께

　나는 교회에 봉사하면서 계명대학교의 교육학과 3학년에 편입하여 2년 후에 졸업하고 문학사 학위를 받았다. 대학에 편입하게 된 것은 당시 신학교에서는 공인된 학위가 수여되지 않았으므로 미래의 유학을 위해 공인된 학사학위를 받기 위해서였다. 62년도 여름에는 강도사 시험을 보고 강도사로 교회에 봉사했다. 이때는 장신 측, 승동 측과 고려파 교회가 합동이 되어 있을 때였다.

부목사로 취임

1962년 10월 고려신학교 복교가 있었던 후 거의 1년이 지난 1963년 9월 17일에 환원 총회가 모여 고신 교회가 옛 자리로 돌아왔다. 당시 상당수 고신교회와 목사들이 큰 혼란을 겪어야 했다. 합동한 후 고신 측 목사 중에는 전 승동 측 교회로 옮긴 목사들도 있었다. 황철도 목사가 그 대표적인 예였다. 그는 고신 측 합동추진 위원장을 맡아 합동을 추진하고, 진주 봉래동교회를 섬겨오던 중 1961년 여름에 승동 측에 속한 대구 서현교회로 이동을 했다. 이 교회는 당시 대구에서 돌로 신축된 제일 큰 예배당을 가졌다.

하지만 황 목사는 그 교회에 온 후 오래 머물 형편이 못되었다. 1963년 7월 부산에서 고신교회 환원발기위원회가 조직되고 환원운동이 일어났기 때문이다. 그는 그 교회로 옮긴 후 2년이 되었을 때 그 교회를 떠나야 했다. 서문로교회에 시무하던 김주오 목사가 그를 위한 자리를 마련하기 위해 성산교회로 옮기고, 황철도 목사가 그 자리에 오게 되었다. 뜻밖의 일이었다. 김주오 목사는 주변 교회 지도자들의 권고와 당회의 동의로 그의 자리를 양보하고 떠난 것이다. 하지만 실상 그의 감정은 좋지 않았다. 사실 이는 부자연스

부목사 취임

런 처사였다. 더구나 황 목사는 나의 장인이다. 서문로교회
에서 만남은 예상하지 못했다. 1964년 2월 10일에 그는 서
문로교회 목사로 위임하고, 나는 부목사로 취임했다. 그러
나 그는 곧 폐 질환으로 대수술을 받고 교회를 제대로 시무
할 수 없게 되어 1965년 4월에 사임하고, 부목사인 내가 그
의 짐을 질 수밖에 없었다. 그는 1965년 10월 18일 별세했다.

황철도 목사는 정치적 기지가 뛰어나고 능력 있는 목회자
였다. 그는 일제 기독교 박해 때 경남에서 한상동 목사를 중

심으로 신사참배 반대운동을 할 때 진주 지방의 책임자로 활동하고 신사참배를 끝까지 항거하다 수난을 당했다. 해방 후에는 고려신학교를 1947년에 제1회로 졸업하고 1949년에 진주 봉래교회 담임 목사로 취임하여 대구 서현교회로 옮기기까지 12년간 시무하면서 진주와 경남 서부 지방 고신파 교회들을 지도하며 큰 영향을 끼쳤다.

그러나 그는 합동추진 위원장으로 합동을 추진한 후 진주를 떠나 대구에 있는 승동 측 큰 교회로 옮김으로 그의 생의 종말에 성공한 목회자의 자취를 남기지 못했다. 그가 대구로 옮김으로 진주 지방에 대한 그의 영향은 완전히 사라졌다. 결과 고신 환원 시에 진주 시내에 있던 모든 고신 교회는 환원에 동참하지 않고 승동 측(합동 측)에 머물게 되었다. 황 목사가 거기 있었으면 일어날 수 없는 일이었다.

1950년대에 부산에는 한상동, 마산에는 송상석, 진주에는 황철도가 지배적인 영향을 끼쳐 온 인물들이었다. 그런데 환원 시에 송상석이 자리 잡은 마산 지역 교회는 거의 모두 환원했다. 그러나 한상동이 자리 잡은 부산과 황철도가 떠난 진주지역에서는 상당수 교회들이 환원에 가담하지 않았다. 나는 개인적으로 황철도 목사와 특별한 관계에 있었고, 갑자기 서문로교회에서 만나 부목사로 돕게 되어 그의 생의 마지막을 지켜보는 중 많은 것을 생각하게 되었다. 1952년 경남법통노회가 합동 측이 다수의 교권을 통해 합동 원칙을 무시하고 나아가는 것을 비판하면서 낸 결의문 중에 나타난 "큰 예배당을 받드는 영예스러운 분위기에 도취되어 대가로 고신 정신을 뽑아내고"라는 말은 바로 합동위원장이었던 황철도 목사가 합동 측 서현교회의 초빙을 받아 옮긴 사실을 가리키는 것이었다.

담임목사로 봉사

1965년 10월 황 목사의 별세 후, 당회에서는 부목사인 나를 담임목사로 청빙하기로 결의했다. 나는 이 말을 듣고 당황했다. 경험이 많지 않은 내가 이 큰 교회를 감당하기 어렵게 여겨졌기 때문이다. 하지만 내가 1962년 강도사가 된 후 경남 기장교회의 청빙을 받아 독립 목회를 하려고 떠나려 작심했을 때에 담임 목사인 김주오 목사는 쾌히 허락했으나, 당회와 여걸(?)들이 적극적으로 만류함으로 가지 못했던 것을 생각했을 때 나의 교회 봉사가 긍정적 평가를 받아 온 것으로는 알고 있었다. 그러나 그 교회에서 전도사로 시작하여 강도사, 부목사의 단계를 거치는 5년 동안 성도들이 나의 장단점을 너무 잘 알고 있는데 공동의회에서 충분한 표를 얻을 수 있을까 하는 생각도 들었다.

당시 임시 당회장으로 서문로교회에 와서 오전예배를 인도하고 공동의회를 소집하여 투표를 진행한 분은 부산의 고려고등성경학교 교장으로 오래 지낸 오종덕 목사였다. 나는 오전예배를 마치고 공동의회가 열리고 있는 동안 집에서 결과를 기다렸다. 당회 대표 장로가 찬성표가 3분의 2선을 훨씬 넘었다는 소식을 알려 주었다. 결과를 듣고 한편으로 감사하게 여기면서도 다른 편으로 흐뭇하게는 여겨지지 않았다. 투표의 결과에서 소수라도 부표가 있다는 것은 나를 합당하지 않게 여기는 분들이 있다는 증거로 보였기 때문이다. 그러나 오 목사님은 나를 찾아오셔서 큰 교회에 전도사로 들어와 5년이나 지난 사람이 담임 목사 투표를 통과하게 되는 것은 쉬운 일이 아닌데 매우 좋은 결과를 가져왔다고 하면서 축하하고 격려해 주셨다.

이제 서문로교회 담임 목사로 일을 시작했다. 외국에 나가 유학할 뜻을 접고 교회를 위해 목회하는 것이 하나님의 뜻으로 알고 교회를 섬기는 일에 전심을 기울이기로 마음을 굳게 먹었다. 그때 나는 한국에서 목회하면서 한국에 있는 대학교에서 가능한 석사, 박사 학위 과정을 밟기로 마음먹고, 경북대학교 대학원 철학과에 시험을 치고 등록하여 공부를 계속했다.

8. 네덜란드 유학

캄펜 신학대학교에 유학

1966년 정월 어느 날 고려신학교의 이근삼 교수로부터 전화가 왔다. 네덜란드 유학에 대해 의논하고자 하니 학교로 한번 찾아오라는 것이었다. 학교에 찾아갔을 때 그는 네덜란드 캄펜(Kampen) 신학대학교에 유학할 길이 열렸으니 고려해 보라고 했다. 그는 이후에도 외국과의 좋은 관계를 가지고 상당수 후배에게 유학할 길을 열어주었다. 나는 유학하기로 마음먹었다. 며칠 후 일 년 전에 네덜란드로 유학 간 신학 동기 친구인 차영배 목사로부터도 같은 내용의 편지를 받았다.

캄펜이란 곳에는 신학교가 둘이 있었다. 하나는 소위 총회파 개혁교회 신학교이고, 다른 하나는 '31조파'라는 별명을 가진 개혁교회에 속한 신학교이다. 후자는 개혁교회 안에서 일어난 교리 논쟁의 결과 1944년 총회파로부터 갈려 나온 측에서 세운 신학교였다. '31조파'라는 별명이 붙여진 것은 교회질서 31조에 따른 것이었다. 이 31조에는 "교회적 회의의 결의가 하나님의 말씀과 교회의 질서에 상충되는 것으로 판명되지 않는 한 확정적이고 구속력을 갖게 된다."라고 명시되어 있다. 이는 교회적 회의가 하나님의 말씀과 교회의 질서에 위배되는 것을 결정하고 강요할 때, 교회는 이를 거절하고 그 결의에서 자유할 수 있다는 뜻을 포함하고 있다.

1944년 네덜란드 개혁교회 총회가 하나님의 말씀과 신앙고백에 배치되는 결의를 하고 이를 교회에 강요하게 되었다. 20세기에 들어 네덜란드 개혁교회 안에는 수십 년 동안 아브라함 카이퍼의 유아세례관이 쟁점이 되어 오고 있었다. 카이퍼는 위대한 칼빈주의 신학자였지만 그의 신학에도 결점이 없지 않았다. 그는 어떤 교리를 합리적으로 이해하려는 스콜라학적 사고를 하고 있었다. 이것이 특별히 그의 유아세례관에서 나타났다. 유아세례를 받은 자가 후에 타락하게 된 경우 그가 받은 세례를 어떻게 봐야 하느냐는 문제를 두고 그는 '가정된 중생'(presumed regeneration)

이란 생소한 교리를 생각해 내었다. 이는 유아세례란 단지 그 아이의 중생을 가정하고 베푼다는 것이다. 만일 그 유아가 세례받은 후 장성하여 타락하게 된다면 그 세례는 참된 세례가 아닌 것으로 보아야 한다고 했다. 이것은 매우 주관적이고 사색적인 견해로 하나님의 객관적인 말씀과 언약에 배치된 것이다.

많은 사람이 이런 카이퍼의 견해를 비판하고 반대했지만, 그가 살아 있는 동안은 하나의 상이한 견해로 받아들이고 심각한 논쟁에 이르지는 않았다. 하지만 그가 세상을 떠난 후 주로 자유대학교의 출신들인 그의 추종자들이 총회에서 교회의 대세를 차지하게 되자 1942년에 이를 교회의 공식적인 교리로 결의하여 이를 그대로 받아 가르치도록 의무화하고, 수용하지 않는 분들을 징계하기 시작했다. 당시 캄펜 신학교의 저명한 교의학 교수였던 스킬더(K. Schilder)가 이 견해를 교리화한 것을 반대하고 나섰을 때, 총회는 그의 교수직뿐 아니라 목사직도 해임해 버렸다. 총회는 그와 의견을 같이하는 은퇴한 신약 교수 흐레이다너스(G. Grijdaanus)에게도 같은 처분을 내렸다. 개혁교회 질서에 의하면 총회가 교리문제에 대한 판단을 할 수 있으나, 직분 해임문제는 당회에 속한 것으로 되어 있다. 하지만 당시 총회는 성경과 신앙고백에 배치된 결정을 하고 교회에 이를 강요할 뿐 아니라, 총회가 직접 목사를 해임하는 교권을 행사함으로 교회질서에 배치된 처사를 감행했다.

이에 전국 수백 개혁교회 대표들이 1944년 8월 이런 불법한 총회의 조처에 항의하고 교회질서 31조에 따라 총회의 교권으로부터 자유하여 분립하게 되었다. 따라서 이 개혁교회를 '31조에 따른' 혹은 '자유화된' 개혁교회(the Reformed Churches 'liberated')라고 불렀다. 이 교회들이 부당한 징계를 받았던 두 교수를 중심으로 하여 1944년에 새 신학교를 세우게 되었다. 내가 이 신학교에 가서 공부하게 된 것이다.

이 신학교와 고려파 교회와의 처음 접촉은 이렇게 시작되었다. 고려신학교 출신인 이근삼 목사가 미국에서 공부하고 1960년대 초에 네덜란드 자유대학교에 가서 연구하던 중 이 교파 교회에 속한 목사(Rev. C. Stam)와 접촉할 기회를 얻게 되었다. 대화 중에 양 교회의 출발의 원인이 총회의 부당한 교권 때문이었고, 양 교회가 개혁주의 신학의 정통을 추구하고 있다는 데 서로 이해를 같이하게 된 것이다. 결과 그가 귀국한 후 이 교회와 고려파 교회의 교류가 시작

되고 고려신학교 졸업생들의 네덜란드 유학의 길이 열리게
되었다.

1966년 3월 중순에 나는 2월 17일 자로 작성되고 3월 3일
자로 주네덜란드 한국 영사의 초청 확인 도장이 날인된 흐
로닝언 남교회(Groningen-Zuid van de Gereformeerde Kerken
in Nederdland) 당회 명의의 초청장을 받았다. 초청장에는
1966년 2월 1일에 당회가 회집하여 신학연구를 위해 나를
초청하고, 교회가 서울과 암스테르담 간의 왕복 항공료와
네덜란드 체재비, 한국에 있는 가족에 대한 최소한의 생활
비도 부담하겠다는 내용이 들어 있었다. 당시 한국의 가난
은 오늘날에는 상상하기 어려운 처지에 있었다. 외국으로
부터 초청장과 이런 구체적인 재정 보증이 없으면 전혀 유
학할 수 없었고 허락되지도 않았다. 내가 이렇게 초청을 받
게 된 것은 전적으로 하나님의 은혜였다.

나는 이제 네덜란드에 유학하려고 새로운 마음을 먹었다.
성실히 목회하면서 한국의 대학교에서 학위과정을 밟겠다
고 생각했지만 나를 향한 주님의 뜻은 달랐다. 내가 여러
해 도와드린 지난날의 박윤선 교장이 연구를 계속하기 원
한 나라에 그의 제자인 내가 가서 연구할 기회를 얻게 된 것

이 기뻤다. 담임 목사가 된 지 얼마 되지 않은 때라 교회에는 미안한 마음이 있었지만, 교회 당회에 사정을 이야기하여 양해를 구하고 1966년 6월까지만 봉사하기로 하였다. 그리고 외국 유학 수속을 밟으며 네덜란드어를 자습하였다.

당시는 외국에 나가는 수속이 매우 까다롭고 오래 걸렸다. 신원조회를 신청하여 이것을 먼저 마쳐야 여권을 신청할 수 있었다. 신원조회를 마치는 데는 적어도 3개월이 이상이 걸렸다. 누구든지 지난날 공산주의 이념을 가지고 행동한 흔적이 있거나 가까운 친척 중에 그런 사람이 있었다는 사실이 있으면 외국에 나가는 것이 허락되지 않았다. 당시 정보부는 이를 위해 사돈의 팔촌까지 조사한다는 말까지 돌았다.

여권을 받고 모든 수속이 완료되어 한국을 떠나게 되었다. 나라에 외화가 없으니 바꾸어 나갈 수 있는 돈도 150불이 최고 한도였던 것으로 기억된다. 당시에는 가족이 동반할 수 없었다. 그해 5월 23일에 출생한 막내를 포함한 4남매 (성미, 성진, 성은, 성국)를 아내에게 맡겨두고 혼자 떠나게 되었다. 재정보증을 한 교회가 최소한도의 가족 생활비를 부담하여 주기로 했기 때문에 어려운 중에도 위로가 되

상: 아이들
왼쪽부터 성국, 성미, 성은, 성진
하: 유학을 떠나던 날(대구역) 1966. 7. 9

었다. 아내도 남편이 유학하는 것을 기쁘게 여겨 아이들과 고생할 것을 각오하고 공부나 성공적으로 잘하고 돌아오라고 하며 격려해 주었다.

1966년 8월 22일 사랑하는 가족과 친지들의 송별을 받고 김포공항을 떠났다. 서문로교회에서는 박복달 선생과 신정순 전도사가 서울 김포공항까지 와서 전송해 주었다. 그때는 '대한항공'이 생기기 전이라 김포에 드나드는 비행기는 일본과 미국 비행기뿐이었다. 대한항공은 1972년에야 보잉 한 대를 사들여 외국 비행에 나섰다고 한다. 일본 비행기로 동경에 가서 하룻밤을 지내고, 거기서 네덜란드 항공회사 KLM 비행기를 갈아타게 되었다. 이때만 해도 국제 항공망이 크게 발달하지 않은 때였기 때문에 여러 항공사가 서로 연계해 같은 표를 가지고 일정에 따라 머물고자 하는 곳에 머물고 여러 회사 비행기를 이용하여 여행했다.

그때 나는 오늘과 같이 쉽게 오갈 수 있는 지구촌 시대를 상상하지 못하고 한번 얻게 된 절호의 기회에 도중 몇 곳이라도 잠시 관광할 욕심을 가졌다. 그래서 고대 역사의 도시인 그리스의 아테네와 이탈리아의 로마에서 3일씩 머물며 역사 관광을 하고 네덜란드 암스테르담에 도착하였다.

유학생활

네덜란드의 스히폴 국제공항에 도착하자 나의 스폰서 교회 목사 중 한 분인 스탐 목사(Rev. C. Stam)와 '한국위원회'의 위원 중 한 분인 데커(T. Dekker)형제가 마중을 나와 있었다. 바로 나의 스폰서가 되어준 교회가 있는 도시 흐로닝언으로 가게 되었다. 공항에서 그곳까지는 자가용으로 두어 시간 걸렸다. 거기서 먼저 어학 훈련을 받으며 공부하기 시작했다.

내가 1년 동안 머물 곳은 어린아이 셋을 가진 젊은 부부의 가정이었다. 주인인 반 후크(W. van Hoek) 형제는 작은 이사회사를 운영하고 있었다. 처음부터 이 젊은 부부는 나를 가

첫번째 하숙집(W. van Hoek 가정)

족과 형제처럼 친절하게 돌봐주었다. 거기에서 매주 두 번 한 시간씩 그곳 고등학교 네덜란드어 교사 반 옛센(van Essen) 도움을 받고 네덜란드어를 익혔다. 삼 개월이 지나자 네덜란드어책을 그런대로 천천히 읽을 수 있었다. 그동안 나의 지도 교수가 될 교회사 담당인 캄파이어스 교수(J. Kamphuis)가 친히 그 집으로 찾아주셨다. 그는 두꺼운 책 네 권을 가지고 와서 앞으로 3개월 동안 그 책들을 읽고 내용에 대해 서로 이야기하자고 했다. 이것은 일종의 시험을 의미하는 것이었다.

당회에 참석

내가 도착한 후 삼 주가 지난 후 나를 초청해 준 '흐로닝언 남교회'의 당회에 초청을 받아 참석했다. 이 교회는 규모가 상당히 컸다. 약 3,500명의 교인을 가진 교회로 교회당 둘을 가지고 있었다. 네 교구로 나누어 한 교회당에 두 교구의 교인들이 차례로 모여 예배를 드리고 있었다. 교구마다 담임 목사가 있어 네 분 목사가 동사목사로 봉사했는데, 당시는 한 교구의 목사가 떠나고 세 분 목사가 동사하며 당회의 사회권은 서로 돌려가며 맡고 있었다. 당회가 모였을 때 비록 내가 외국인이었지만 목사로 대우하여 당회 목사들이 앉는 세분 사이에 앉게 했다. 당시 전 당회원은 약 80명쯤 되었다. 상당히 큰 홀이 당회원으로 가득했다. 여기에서 내가 놀란 것이 두 가지였다.

첫째는, 목사들이 경력이나 나이에 관계없이 동사목사로서 같은 권리와 의무를 지고 있다는 사실이었다. 한국에서

흐로닝언남교회 한국 위원들과 함께
왼쪽부터 Mr. T. Dekker, Mr. R. vander Veen, S. G. Hur, Rev. C. Stam

내가 부목사로 취임하게 되었을 때, 부목사는 교회 행정상으로는 전도사와 같은 위치에 있다고 선언하던 말을 기억했다. 실제 한국에서는 부목사가 목사 취급을 받지 못할 때가 더러 있다. 혼자 심방을 가면 "목사님은 오시지 않습니까?"라고 묻는 때도 간혹 있었다. 그런데 네덜란드 개혁교회에 와서 목사들이 경력과 나이에 관계없이 한 교회에서 동사하게 되고 동등한 권리를 가지고 봉사하고 있다는 것이 신기하고 놀랍게 생각되었다. 한국 장로교회와 개혁교회 사이에 교회 생활의 차이가 매우 크다는 것을 단번에 느꼈다. 그 후 차츰 교회 생활에 젖고 교회 역사와 직분에 대한 성경적 이해를 하면서 이는 단순히 교회 문화의 차이가 아니고 성경적 직분에 대한 본질적 이해와 실천의 차이라고 깨닫게 되었다.

둘째는, 80여 명의 당회원 중에 60여 명이 장로들이었고, 20여 명이 집사들이었다. 한국 장로교회에는 집사의 수가 엄청나게 많다. 내가 대구 서문로교회에서 목회할 때만 해도 장로는 5명이지만 집사는 서리집사를 포함할 때 세례 받은 장년 교인들의 4분의 1은 되었다. 지금은 대부분 교회에서 집사의 비율이 전보다 훨씬 더 큰 것으로 알고 있다. 교회 생활을 해 가면서 차츰 그 사유를 알게 되었다. 장로들은 교인들의 가정을 규칙적으로 심방을 하므로 많은 수가 필요하지만, 집사들은 교회가 자비사역을 위해 헌금한 것을 관리하고 어려운 교인들을 찾아 나누어주는 봉사를 하므로 그렇게 많은 수가 필요하지 않다. 교구마다 장로는 16명이나 집사는 4, 5명으로 충분했다.

개혁교회에서는 집사들이 교회 운영 관리를 맡지 않는다. 이것은 당회가 임명 위탁하는 '관리 위원회'(Committee of Management)가 맡게 되어 있다. 이들이 장로나 집사가 될 필요가 없다. 장로 집사 한두 분이 이 위원회 위원으로 임명되지만, 이는 단지 당회와 관리 위원회의 상호 밀접한 연관을 갖기 위해서이다. 그래서 집사는 교회 관리와는 관계없이 자비사역을 위해서만 봉사하게 되는 것이다. 장로들의 수에 비해 집사의 수가 적은 것을 보고 초대 예루살렘 교회의 교인 수가 3천 명이 넘었지만, 사도들은 집사 일곱 사람을 선택하게 하여 구제에 봉사하게 한 사실이 기억났다.

장로들의 공식심방

네덜란드에 도착하여 하숙집에 들어온 지 약 한 달이 지났다. 구역 장로들로부터 심방을 오겠다고 날짜와 시간을 알리며 가능한지 물었다. 이제 나도 그 교회의 교인의 되었으므로 장로들의 공식 심방을 받게 되었다. 저녁 식사 후 정확하게 약속된 시간에 두 장로가 하숙집에 있는 내 방을 찾아왔다. 두 분 가운데 한 분이 성경 한 부분을 읽은 후 바로 대화의 시간을 갖게 되었다. 저들은 새로운 환경에 적응해 가는 나의 현재의 형편과 한국에 있는 가족의 근황에 관하여 자세히 물었다. 그리고 교회 생활의 적응 등에 관해서도 이야기를 나누었다. 약 40분 동안 대화가 있은 후 다른 한 장로가 기도함으로 심방을 마쳤다. 그 후 하숙집의 주인이 제공하는 커피를 함께 마시고 잠시 이야기를 나눈 후 떠났다.

장로들이 공식적인 심방을 하는 것은 장로교회에서는 생각할 수 없는 일이었다. 특별히 장로들이 목사인 나에게 공식적인 심방을 한다는 것이 새롭게 느껴졌다. 물론 나는 현재 목사라기보다 한 사람의 유학생이다. 그런데 후에 이런 일들이 개혁교회의 직분에 대한 견해와 봉사의 실천이 장로교회와 원리적으로 같아 보이지만 그 실천이 매우 다르다는 것을 알게 되었다. 개혁교회 정치원리에 따르면 담임 목사도 교회의 목사이면서 한 가정의 가장이요, 동시에 기본적으로는 그 교회에 속한 회원이다. 그러므로 시무 중인 담임 목사도 자기 구역을 담당한 장로들의 심방을 다른 가정과 꼭 같이 받게 되어 있다는 것을 뒤에 알게 되었다. 이것이 나로 하여금 개혁교회 직분관에 대한 큰 관심을 갖게 했다.

내가 호주 개혁교회에서 목회할 때 해마다 나의 구역 장로들의 공식 심방을 받았다. 공식 심방이 있는 저녁에는 내가 목사라기보다 한 가정의 가장으로 온 가족을 모으고 장로들의 심방을 받았다. 사실 이런 공식적인 심방이 없으면 장로들이 목사 가정의 사모나 자녀들을 공식적으로 접촉하고 대화할 기회를 가질 수 없다. 목사가 자기 자녀들에게 묻고 대답하기 어려운 것을 장로들은 직분자들로서 할 수 있다. 장로들이 목사 가정을 심방한다고 해서 목사의 위상이 결코 떨어지는 것이 아니다. 이로써 목사의 가족도 다른 가족과 꼭 같이 그리스도의 몸된 교회에 속해 있다는 깊은 소속감을 갖게 된다.

9. 캄펜 신학대학교에서 연구생활

네덜란드의 새 학년도는 9월에 시작이 된다. 새 학기부터는 신학대학교가 있는 곳에서 연구를 계속하기 위해 1967년 8월에 흐로닝언에서 캄펜으로 옮겼다. 한 가정(P. van Rongen)에 다른 두 네덜란드 신학생들과 함께 하숙하기 시작했다. 1년 동안 하숙을 한 후 방을 얻어 자취생활을 시작했다. 이렇게 한 이유는 시간을 아끼기 위해서였다.

한 가정에 하숙하면 그들의 생활 습관을 따라야 한다. 오전, 오후, 저녁 정한 시간에 커피 혹은 티를 함께 마시는 시간을 갖게 된다. 함께 앉으면 이런저런 이야기가 시작되고 자연히 긴 시간을 보내게 된다. 시간이 아까웠다. 가족을 두고 유학하고 있는 내가 속히 연구를 마치고 돌아가야 하는데 자취하는 것이 시간을 훨씬 절약할 수 있다고 생각했다. 80살이 넘은 홀로 사는 한 할머니(Schunt)의 작은 집 위층의 다락방을 얻어 자취 생활을 시작했다. 주방이 딸린 작은 방이었다. 이 할머니는 마늘 냄새를 매우 싫어해서 마늘 냄새를 내지 않겠다는 조건으로 들어갔다. 이렇게 시작된 자취 생활을 4년 동안 계속했다. 감사하게도 그곳에서 가까운 곳에 사는 같은 교회의 한 집사(G. Kelder) 부인이 매주 세탁물을 가져가 세탁을 해주어 스스로 세탁을 하지 않고 잘 지낼 수 있었다.

지도 교수가 신학 예과과정에 있는 라틴어 반에 들어가 라틴어 공부를 하는 것이 좋겠다고 하여 참석하였다. 학생들은 고등학교에서 이미 라틴어를 배웠기 때문에 어거스틴의 저서 '고백'을 줄줄 읽고 해석하며 내려갔다. 헬라어 반에서도 이미 고등학교에서 헬라어 기초를 배웠기 때문에

자취하던 다락방(Schunt 여사 집)　　　캄펜 신학대학교 앞에서

헬라어 신약을 읽고 있었다. 여기서 개혁교회 목사들의 실력을 어느 정도 가늠할 수 있었다. 당시 신학교 지망생들은 꼭 고전어(라틴어, 헬라어)를 하는 고등학교(Gymnasium)를 졸업해야 했다. 신학교에 와서는 예과 1년 동안 다시 라틴어를 포함한 성경 원어와 철학 등의 강의를 듣고 시험에 통과될 때에 정식 신학생이 되었다. 당시 신학 공부를 끝내고 목사 초빙을 받을 수 있는 자격(Candidate)을 갖추게 되기까지는 일반적으로 5년 이상 7년이 걸렸다.

지도 교수 캄파이어스(J. Kamphuis)

나는 교수들의 강의에 간혹 참석했지만 주로 석사과정 일정에 따라 교수 개인과 만나 읽어야 할 책을 소개받고, 그 책들을 읽고 시험 준비가 되면 교수와 시간을 약속하여 찾아가 구두시험을 보았다. 당시 그곳의 석사과정은 'Doctorandus' 과정이라고 불렸다. 이 과정을 성공적으로 마치면 그 학위를 받게 된다. 당시 이 과정은 일반적으로 3년이 걸렸다. 미국 교육제도의 석사(master) 과정보다 일 년 이상 더 걸리는 셈이었다. 이 학위를 성공적으로 마치게 되면, 박사과정의 논문을 쓸 수 있는 자격을 얻게 된다. 그런데 상당수가 이 과정만을 마치는 것으로 만족한다. 이 학위를 받게 될 때 'Doctorandus'라 불리게 되고 자기 이름 앞에 약자로 'Drs.'를 붙여 사용할 수 있다. 다른 나라에서는 이를 박사로 오인하게 되고 그렇게 대우를 받는 일이 있다는 말을 들었다. 나는 교회사 전공이었기 때문에 주로 당시 교회사 교수였던 캄파이어스(J. Kamphuis)의 지도를 받았고, 교리사 등에 있어서는 교의학 교수인 두케스(L. Doekes)의 지도를 받았다.

캄파이어스 교수는 원래 교의학에 취미를 가지고 연구했고 교의학 신학자인 스킬더(K. Schilder) 교수의 시사를 받아 교의학자가 되기를 바랐다. 그러나 총회에서는 그를 교회사 교수로 임명하여 교회사 교수가 된 것이었다. 그러나 그의 말년에는 교의학으로 다시 돌아갔다. 그는 당시 교회사를 강의하면서도 교의학에 관심이 많은 분이었기 때문에 교리사적 입장에서 교회사에 접근하는 강한 모습을 보였다.

그는 교회를 사랑하고 정통적 개혁신앙의 노선을 파수하는 강직한 성격을 가진 신학자요, 교회지도자였다. 1944년 31조파 교회가 총회파로부터 나뉘어 나온 후 그 교회 안에도 두 갈래의 흐름이 있었다. 한편은 전통적인 개혁교회 신앙고백을 고수하고 도르트 교회질서를 따라 교회 연대 생활을 귀중하게 생각하는 분들이었고, 다른 편은 전통적인 개혁신학과 신앙고백보다는 성경이 모두라는 것을 강조하고 교회정치에서는 회중교회주의적 경향을 가진 분들이었다. 전자의 지도적 핵심인물은 나의 지도 교수인 캄파이어스였고 후자의 지도적 인물은 신약 교수인 야거르(Jager)와 봉사신학 교수인 베인호프(Veenhof)였다.

나는 교수들을 방문하는 중 이런 서로 상의한 분위기를 단번에 느낄 수 있었다. 네덜란드에 도착한 후 2, 3개월 후 나의 스폰서 교회의 '한국 위원회' 한 위원과 함께 교수들의 가정을 방문하여 교수들과 친면을 갖는 기회가 있었다. 신약학을 가르치는 교수 야거르 박사를 찾아갔을 때 그는 내게 이렇게 말했다. "네덜란드의 신학을 배우려 하지 마시오. 성경을 많이 연구하고 배우시오."라고 했다. 이것이 바로 이분들의 입장이었다. 좋은 말 같으나 석연치 않게 들렸다. 또 저들은 개체 지역 교회의 독립성을 지나치게 강조하고, 노회나 총회를 별로 귀중하게 여기지 않았으며, 그 권위에 대해 매우 부정적인 생각을 가졌다. 그래서 저들은 교회 상호 간의 연대관계의 약화를 초래하기도 했다.

이런 반고백적, 회중교회적 기류는 17세기 초 영국에서

국교회로부터의 박해가 있을 때 네덜란드 암스테르담과 레이든 지역으로 피난을 와서 여러 해 지냈던 영국 청교도 분리주의들이 남긴 영향으로 보는 분들이 많다. 이 청교도 분리자들 가운데 상당수가 회중교회적인 교회관을 가졌다. 이들 가운데 일부가 다시 영국에서 이주자들을 모집하여 네덜란드를 떠나 메이플라워(Mayflower)호로 북미 플리머스로 가게 되었다. 당시 플리머스에 정착한 청교도들의 대부분은 회중교회적인 경향을 가진 분들이었다. 이들을 일반적으로 '필그림 파더'라고 부른다.

이런 반 고백적, 회중교회적인 이념을 가지고 교회 연대관계나 총회의 권위에 부정적인 생각을 하는 분들이 신학교와 교회에 상당한 영향을 끼쳤다. 이들은 교회 안에서 신앙고백으로부터 이탈된 교리를 주장하고 가르치는 목사에게도 매우 관용하는 태도를 보였다. 예를 들면 이 집단에 속한 한 목사(Telder)가 신자가 죽으면 바로 낙원에 가는 것이 아니고, 주께서 재림하실 때까지 자는 상태에 들어가게 된다고 주장함으로 분명하게 성경적 신앙고백적 교리를 떠난 것을 가르쳤어도 저들은 관용하는 자세를 취했다.

양 측은 여러 해 서로 다른 주간지를 통해 논쟁해 옴으로 교회 안에 긴장이 조성되었다. 전통적인 개혁교회 신학과 신앙고백 노선을 지키는 편에서는 20세기 초반부터 발행되어온 '개혁'(Reformatie)이라는 주간지를 통해, 회중교회적 경향을 가진 측에서는 '건설'(Opbouw)이라는 새로운 주간지를 통해 서로 맞대응했다. 당시 개혁이란 주간지의 주필은 나의 지도교수인 캄파이어스였고, 다른 편의 주필은 봉사신학을 가르치는 베인호프(Veenhof) 교수였다. 드디어 내가 네덜란드에 도착하던 그해 여름에 교회 분열이 일어났다. 먼저 신학교가 있는 캄펜 도시 안에 있는 한 교회(Nieuwe Kerk)가 분열되고, 이 분열이 전국으로 확산되어 여러 교회가 분열을 겪었다. 그러나 대다수 교회는 동요하지 않았다.

나는 당시 끊임없는 내외의 도전을 받으면서도 개혁교회의 신학적 신앙고백적 전통과 생활을 지키기 위해 확고하게 서서 선전하는 캄파이어스 교수에게서 교회 사랑을 배웠다. 당시 그가 너무 강직하여 교회의 분열에 책임이 있다는 내외의 비판도 적지 않았다. 하지만 진리를 위한 선한 싸움을 하게 될 때 누구나 이런 비난을 피할 수 없다. 그는 특별히 이 신학교의 설립자 교수였고 그를 가르친 스킬

더 교수의 진리 투쟁을 귀하여 여겨왔고, 그의 자취를 따르기를 원했다. 이때 갈려져 나간 교회가 네덜란드 개혁교회(Nederlandse Gereformeerde Kerken)이다. 이 교회는 현재 90여 교회, 3만여 명의 회원을 가지고 있다.

Doctorandus 과정을 마침

나는 캄펜에서 자취하면서 하루 적어도 12시간 이상의 연구를 목표하고 일했다. 오전(8시~12시), 오후(1시 반~5시 반), 밤(7시~11시) 각각 적어도 4시간씩은 연구에 몰두했다. 쉬는 시간이란 밖에 나가 식재료를 사서 식사를 마련하고 먹는 시간이었다. 혹 주말에 목사들의 초대를 받아 나가는 일 외에는 주말이 없었다. 나를 돌봐 주는 흐로닝언 교회의 목사들 가정이 자주 주말에 나를 초청했다. 이것이 감사한 일이지만 어떤 때는 거기 가서 보내는 시간이 내게는 아깝게만 느껴졌다. 토요일 오후에 가서 월요일 오전에 돌아오니 너무 많은 시간이 소요되기 때문이었다. 어린 4남매를 아내에게 맡겨두고 온 나에게는 하루라도 일찍 연구를 마치고 집에 돌아가는 것이 중요했다.

매 토요일 밤은 아내에게 그 주간의 생활을 보고하는 편지를 쓰는 일이 정해진 과제였다. 그때만 해도 전화가 귀하고 비싸 한국 가정에 들여 놓을 수 없었다. 물론 네덜란드에서 자취하면서도 전화를 갖지 않았다. 때문에 전화로 아내나 아이들의 음성을 들을 수 없었다. 간혹 보내오는 사진을 보고 아이들이 자라가는 모습을 알 수 있었을 뿐이었다.

캄펜에 자리를 옮긴 지 약 1년 반이 되었을 때 석사과정의 시험을 거의 마치게 되었다. 흐로닝언에서 지난 1년을 합치면 2년 반의 시간이 지났다. 네덜란드에서는 거의 필기시험이 아니고 구두시험을 본다. 부과된 책들을 읽고 시험 볼 준비가 되면 교수에게 연락하여 시험 날짜와 시간을 약속 받는다. 시험은 대부분 교수의 서재에서 문답식으로 진행된다. 만일 교수가 보기에 충분치 않다고 생각이 되면 좀 더 살핀 후 다시 만나자는 말을 듣게 된다. 재시험을 보아야 한다는 뜻이다.

석사과정에서 요구되는 모든 과목의 시험을 성공적으로 마치면 석사 논문을 쓸 기회를 얻게 된다. 논문 제목은 학생의 의견을 참작하여 지도교수가 정해 준다. 이 논문의 제목을 받을 때는 제출 날짜가 정해진다. 석사 논문을 쓰는 기간은 3개월로 제출 날짜 내에 논문을 완성하고 일정한 부수를 복사하여 교수회에 제출해야 한다. 이 논문을 받은 교수회는 논문에 대한 심사를 하고 논문 내용에 대해 방어할 수 있는 날짜와 시간을 정하여 알려준다. 그러면 그 정한 시간에 교수회가 회집하여 그 논문에 대한 질의를 하면 답을 하고 자기주장에 대한 방어를 한다. 이 시간이 끝나면 학생을 잠시 나가게 하고 교수회가 평가한 후 다시 불러들여 판정을 내린다. 판정의 결과는 우등, 매우 만족, 만족 등으로 선언된다.

나는 논문 제목을 '장로 직분에 관한 찰스 핫지와 쏘넬 간의 논쟁'(Debaat tussen Charles Hodge en Henry Thornwell over de Ouderling)이라는 제목을 받았다. 이것은 교회의 직분에 관련된 것이었다. 미국적인 신학분류에서는 교회법과 직분론이 소위 실천신학에 속한다. 그러나 유럽에서는 교회법(교회질서)과 직분론이 교회사 분야에 속해 있다. 이는 교회 역사의 맥 속에서 교회의 법(질서)과 직분들을 살피기 때문이다.

이미 앞서 밝힌 대로 네덜란드에 오자마자 나는 개혁교회의 목사 장로 직분관에 관하여 큰 관심을 갖게 되었다. 장로교회와 개혁교회가 다 같은 칼빈신학의 신앙과 직분관에 뿌리를 둔 교회이면서 직분의 봉사와 실천면이 서로 너무도 달랐기 때문이었다.

한국 교회는 처음부터 미국 남북 장로교회의 선교사들의 영향을 크게 받았다. 그래서 이따금 미국 남북 장로교회의 직분관이 어떤지를 알기를 바라며 살피던 중 19세기 중반에 여러 해 동안 북장로교회에 속한 프린스톤 신학교의 대표적 신학자인 찰스 핫지(Charles Hodge)와 남장로교회에 속한 유니온 신학교의 대표적 신학자인 쏘넬(Henry Thorn-well)간의 장로직에 대한 열띤 논쟁을 발견하게 되었다. 나는 단번에 이 논쟁에 매력을 갖게 되었다. 이 논쟁은 당시 장로교 잡지(Prsbyterian Journal)를 통해 수년간 이루어진 것이었다. 이 두 분의 논쟁을 통해 남북 장로교회는 서로 상당히 다른 목사 장로에 대한 직분 개념이 정착하게 되었다. 나는 이것을 살펴 한국 장로교회가 받은 영향을 알아볼 생각을 가진 것이다. 평소에 지도 교수와 이야기하는 중 이 방면에 관심을 표현했더니, 그는 이에 관계된 제목을 주게 된 것이다. 물론 그도 미 장로교회의 직분관에 대한 역사에 관심을 가지고 알기를 원했다.

정해진 날짜에 논문을 완성하고 인쇄하여 필요한 부수를

교수회에 제출하였다. 이제 교수회 앞에서 논문을 변호할 날짜와 시간이 정해졌다. 1969년 6월 11일이었다. 그런데 그 사흘 전에 나는 심한 독감에 걸렸다. 크게 염려했으나 의사의 도움으로 그날 시험에 응할 수 있었다. 얼떨떨한 형편이었으나 교수 회의실인 시험장에 들어서니 정신이 바짝 차려지고 머리가 좀 맑아지는 기분을 느꼈다. 한 시간 이상 논문 내용에 대한 교수들의 질문을 받고 나는 나의 주장을 변호했다. 잠시 휴식한 후 불러들여 결과를 발표하였다. '매우 만족'(Veel Genoeg)이란 판정을 받았다. 우등은 아니지만, 이것도 너무 감사했다. 주께서 주신 은혜로운 결과였다.

일시 귀국

석사과정이 끝나자 지도 교수는 앞으로 박사학위 과정을 계속할 수 있다는 뜻을 알려 주었다. 일반적으로 지도교수는 외국에서 온 학생들에게 석사과정의 진전과 성적을 보아서 박사학위를 위한 논문을 진행하도록 추천하기도 하고, 하지 않기도 한다. 박사과정을 밟으라는 말에 나는 큰 용기를 얻었고 감사했다. 나를 지원해준 흐로닝언 남교회도 나의 공부의 결과를 만족하게 여겼다. 교회는 삼 년 동안 가족과 떨어져 생활해 온 나를 동정하고 한국에 가서 가족과 몇 개월 지내고 와서 연구를 계속하라고 했다. 그래서 나는 일시 귀국길에 올랐다. 1969년 8월 일시 귀국했다.

이때 나의 아내는 내가 시무했던 대구 서문로교회 바로 담벼락 너머에 있는 슬레이트 지붕의 판잣집에서 어린아이들과 지내고 있었다. 집은 허술하고 비가 오는 날이면 지붕에서 빗물이 새기도 하고, 죽어 마른 쥐가 천정에서 떨어지기도 했다는 말을 들었다. 하지만 삼 년을 멀리 떠나 있다 가족을 만나 함께 하니 이 집이 궁궐 못지않게 흐뭇함을 느꼈다. 삼 년 동안 보지 못했던 아이들이 많이 자랐고 떠날 때 태어난 지 겨우 두 달밖에 안 되었던 막내둥이가 네 살이 되었다. 아이들과 함께 이곳저곳에 나가 거닐기도 하고 놀기도 하며 가족과 함께 귀한 시간을 보냈다. 이때 나를 언제나 기도로 도우신 어머님이 아직 건강하게 지내시는 것을 보고 크게 감사했다.

고려신학교에서 9월부터 시작되는 둘째 학기에 한 강좌를 맡아 달라는 부탁을 받고 석사 논문을 쓰면서 연구한 미남북 장로교회 직분의 역사와 배경에 대해서 강의를 했다. 그리고 고려신학교의 예과 과정이 대학인가를 얻기 위해

교수가 충원되어야 할 처지에 있었기 때문에 전임 강사로
등록했다.

10. 박사 과정을 위해 다시 네덜란드로

미국 웨스트민스터 신학교에서 보낸 여름

1970년 3월, 연구를 계속하기 위해 다시 정든 가정을 떠나 네덜란드로 돌아가야 했다. 일시 귀국 전에 지도교수와 박사 학위 논문에 대한 의논이 있었다. 그의 의견이 석사 논문에서 다룬 미 남북 장로교회의 직분에 대한 논쟁 문제를 더 넓고 깊은 범위에서 연구하는 것이 어떻겠느냐고 하였다. 역사적으로 초대 교회의 직분관을 살피고, 찰스 핫지와 헨리 쏘넬의 직분관을 칼빈의 직분관과 개혁교회의 직분관을 연계하여 분석 비판하는 쪽으로 생각해 보라는 것이었다.

그래서 나는 준비 작업을 위해서 네덜란드로 돌아가는 길에 얼마 동안 미국 웨스트민스터 신학교에 가서 도서관을 이용하고 자료를 수집하기로 했다. 이때 '캐나다 개혁교회'(The Canadian Reformed Churches)의 '세계 구호 위원회'(World Relief Committee)가 한국의 고아원을 돕는 일이 있었다. 사실은 내가 네덜란드 유학을 떠나기 직전 이 위원회와 연락이 있어 내가 시무하던 서문로교회의 박복달 선생을 이 위원회에 소개하여 고아원을 운영하도록 주선을 하고 그 고아원의 이름도 '사랑의 집'으로 지어주고 간 일이 있었다. 이 분은 50년대에 사경회 강사로 활동했으나 내가 그곳 교회를 시무할 즈음에는 시대와 교회적 상황이 바뀌었기 때문에 다른 봉사는 하지 않고 독신으로 교회 예배에만 참석하고 있는 형편이었다. 그래서 그에게 평생 봉사할 길을 열어 주기 위해 고아원을 운영하도록 주선해 주었다. 캐나다의 '세계 구호 위원회'가 네덜란드로 돌아가는 길에 자기들에게 들려주기를 원했으므로 먼저 캐나다에 가서 몇 주간 머물면서 캐나다 여러 개혁교회들을 순방하고 웨스트민스터 신학교로 갔다.

웨스트민스터 신학교에서는 교회사를 가르치는 울리(Paul Wooley) 교수가 친절하게 주선해 주어 기숙사에서 다른 한국 학생들과 함께 지내면서 논문 자료를 수집할 수 있었다. 이때는 네덜란드인 변증신학자 반 틸(Van Till)박사도 은퇴는 했으나 아직 활동하고 계셔서 교제를 나눌 좋은 기회가 있었다. 반 틸 박사는 네덜란드 북쪽 도시 흐로닝언 지역에서 태어나 자랐다고 알려 주었다. 내가 네덜란드에 처음 도착하여 1년을 지낸 곳이었다. 그의 네덜란드어 악센트가 그 지역에서 왔음을 알 수 있었다. 그때 웨스트민스터 신학교에서 공부하는 한국학생들의 수가 상당히 많았다. 한재호, 최낙재, 이종윤, 정규남, 정대현 등 여러 분이 공부하고 있어 교제를 나누며 지냈다. 나는 여름을 신학교 도서관에서 보내면서 밤에는 한국 학생들과 함께 어떤 학교의 청소 일을 하고 약간의 여윳돈을 마련하여 한국에 있는 아이들 옷을 사서 보냈다.

1970년 여름을 웨스트민스터 신학교에서 보내고 9월 초에 네덜란드로 돌아가 논문작성에 들어갔다. 약 2년의 작업 끝에 논문이 완성되었다. 논문을 쓸 때 매 장 지도 교수에게 보이고, 심사를 받아 진행하였다. 물론 작성자가 지도교수와 뜻이 다를 수도 있다. 그러나 교수의 지도는 꼭 받아야 한다. 지난날 박윤선 교장이 지도교수의 의견을 묻지 않고 논문을 작성했다가 실패하게 된 것을 앞서 언급했다. 내가 논문을 쓸 때 지도교수의 부인이 많은 힘이 되어 주었다. 그는 결혼 전 서기로 일한 분이어서 남편의 글을 항상 타이핑해 주어 비서처럼 큰 도움을 주었다. 나는 내 논문을 스스로 타이핑했지만 사모님이 나의 모자란 네덜란드어 문법을 교정하면서 마지막 타이핑을 도와주어 큰 힘이 되었다.

나의 논문: 장로의 완전한 권한

나의 논문 제목은 '장로의 완전한 권한'(Presbyter Volle Rechten)으로 부제는 '찰스 핫지와 헨리 쏘넬 간의 장로 직에 관한 논쟁'(Controversies over het Ambt van Ourderling tussen Charles Hodge en Henry Thornwell)이었다. 석사논문에서 어느 정도 얻은 아이디어를 넓히고 심화시켜 개혁주의 입장에서 비판하고 평가했다.

먼저 초대교회 직분의 역사를 살피고, 칼빈의 직분론을 그의 기독교 강요를 위시한 논문과 주석에서 살폈다. 그리고 웨스트민스터 대회(the Westminster Assembly)가 받은 장로교 정치도 살폈다. 웨스트민스터 대회의 회의록을 살피기 위해 런던에 가서 한 달을 지내기도 했다. 그런 다음 성경과 개혁주의 입장에서 두 교수의 장로관을 분석 비평하여 장로관에 대한 나의 결론을 내렸다.

사도 시대 초기 교회에서는 장로 직분이 먼저 세워져 교회를 살피고 돌보았다.(행 11:30) 목사 직분은 뒤에 세워졌다. 당시에는 사도들과 특별한 은사를 받은 전도자들(디모데, 디도 등)이 복음을 전했고, 예언의 은사와 가르치는 은사가 교회에 주어져 이런 은사를 받은 분들이 회중 앞에서 자유롭게 예언하고 가르칠 수 있었다.(롬 12, 고전 12) 따라서 그때는 아직 말씀을 전문으로 전하는 목사 직분의 필요성이 없었다. 교회에는 유대인들의 전통을 따라 장로들이 제일 먼저 세움을 입어 사도들과 함께 교회를 다스렸다.(행 15:1~5) 그러나 차츰 교회가 성장하여 정착되고 거짓 스승들이 일어나 회중을 미혹하게 되었을 때에 각 교회에 말씀을 전하고, 가르치며, 변호하는 일을 전문으로 하는 직분이 필요하게 되었다.(행 20:29~32) 결과 장로들 집단에서 복음을 전하는 일에 은사를 받은 분을 구별하여 전적으로 복음 사역에 헌신하게 함으로 다스리는 장로와 가르치는 장로(목사)의 구별이 생겼다고 보았다.(딤전 5:17) 이로 보건대 장로와 목사는 그 직분의 뿌리가 같으므로 기능만 달랐지 권리는 같다. 그래서 장로와 목사는 '다스리는 장로'와 '가르치는 장로'로 부른다. 교회의 주요, 왕이신 그리스도는 그의 교회의 성장 발전과 필요에 따라 자연스럽게 교회 직분들 곧 장로, 집사, 목사 직분을 세우도록 인도하셨다.

칼빈도 성경에서 말씀에 봉사하는 목사나 다스리는 장로를 구별하지 않고 장로(presbyteros)라고 부른 것으로 이해했다. 그래서 그는 로마 교회와 달리 제네바 교회에서 목사와 목사 사이에 차별을 두지 않았고, 목사와 장로 사이에도 권리 면에서 차이를 두지 않았다. 단지 직책에만 구별을 두었다.

하지만 19세기에 미 북장로교회의 찰스 하지는 성경이 말하는 장로(presbyteros)는 모두 목사를 가리키고 장로는 성경에 있는 '정치'라는 말에서 오게 된 것이라고 하여, 장로교회 제도는 교구 감독제(parochial episcopacy)에 속한다고 했다. 그는 이것을 웨스트민스터 대회의 교회 정치에 호소하였다. 그러나 그는 웨스트민스터 대회에서 받은 교회 정치는 당시 장로회 정치를 강력하게 반대한 회중교회주의자들과의 대치 속에서 나타난 타협의 결과라는 것을 살피지 않았다. 이런 목사, 장로에 대한 하지의 견해가 북장로교회를 지배하게 되었다. 한국 교회는 선교 초기부터 북장로교회의 영향이 가장 컸으므로 자연히 그 영향을 받게 되어 목사의 위치와 권리가 장로보다 높은 것으로 여기게 되고 이런 개념이 한국에 정착되었다.

하지만 이와는 반대로 당시 남장로교회의 쏘넬은 칼빈의 견해처럼 목사와 장로를 기본적으로 같은 장로로 보고 상호 간의 동권을 강조했다. 그러나 그도 목사와 장로 집단을 국회의 상하원에 비교함으로 성경적 직분의 특수성을 그대로 드러내지는 못했다. 하지만 그의 장로에 대한 견해는 개혁교회의 견해에 더 가까웠다. 이후 그의 견해가 남장로교회에 정착되었다. 오늘의 미장로교회(PCA)는 그 전통을 이어오고 있다. 미합중국에 있는 장로교회는 오늘날까지 직분관에 있어서 두 대표적 신학자의 영향을 그대로 받아 오고 있다.

우리나라 장로교회는 북장로교회의 영향을 크게 받으면서 남장로교회의 영향도 조금 받았다. 아마 양 교회 선교사들이 함께 한국교회의 교회정치를 초안하면서 서로 조금씩 양보한 결과가 아닌가 생각한다. 특별히 장로교회 정치에 "장로는 두 반이 있나니 말씀과 치리를 담당하는 목사와 치리만 하는 장로가 있다."라고 한다. 이런 표현은 북장로교회 교회정치에서는 발견되지 않는다. 이것은 남장로교회의 영향임이 분명하다. 그러나 이런 원리가 교회정치의 실천에서는 거의 나타나지 않았다.

나는 논문을 위해 연구하고 쓰는 가운데 개혁교회의 직분관이 장로교회의 직분관보다 더욱 성경적임을 깨닫게 되고 내가 네덜란드에 처음 도착했을 때 가졌던 목사 장로직에 대한 의문을 풀게 되었다. 개혁교회에서는 목사 장로 간의 기능적 구별은 하지만 권리에서 동권을 강하게 주장함으로 상하의 개념이 전혀 없다. 이런 개념이 목사의 목회생활에 어려움이 되지 않을까 염려하는 분이 있을 수 있다. 하지만 목사 장로가 당회에서 교회건설을 위한 상호 동역자임을 바로 이해하고 봉사할 때 이런 염려는 사라진다. 목사는 장로보다 지위가 높아서가 아니라 말씀의 선포자이기 때문에 자연이 장로와 성도의 존경의 대상이 되는 것은 필연적이다.(딤전 5:17)

한상동 학장의 네덜란드 방문 초청

내가 논문을 거의 완성하게 된 1972년 초이다. 독일 광산에서 일하던 한 젊은 분이 네덜란드에 와서 신학을 공부하려고 준비했지만, 내가 공부하는 신학교에 입학할 수 없었다. 그는 자신의 실패를 무관한 내게로 돌리고 한국에 있는 그의 형제들을 통해 나의 아내를 위협하고 있다는 소식이 들렸다. 당시 논문이 거의 완성되었지만, 나는 모든 일을 중지하고 가족을 위해 바로 귀국할 마음을 품었다.

이때 이 사실을 알게 된 나의 주임 교수는 스폰서 교회와 의논하여 가족을 네덜란드로 데려오자고 했다. 이런 그의 제안을 감사하게 생각하면서도 이렇게 하는 것이 내게는 크게 부담스러웠다. 당시의 형편으로 가족을 그곳으로 데려오자면 절차가 짧아도 반년은 걸리게 되어 있었다. 가족이 온다 한들 어린아이들이 새 환경에 적응하는 일이 힘들 것 같고, 논문이 거의 완성되어 가는데 마치면 곧 돌아가야 할 형편이니 짧은 기간을 위해 온 가족을 데려온다는 것은 복잡하기도 하고 지혜롭지 못한 것으로 판단되었다. 그래서 나는 지도 교수에게 다른 제안을 했다. 그 젊은이의 한국에 있는 가족의 오해도 풀고, 한국의 고려신학교와 캄펜 신학교의 밀접한 교류를 위해 고려신학대학의 학장을 초청하는 것이 어떠냐고 했다. 그는 단번에 그 아이디어가 좋다고 하면서 교수회에서 의논하겠다고 했다. 곧 이 일이 성사되었다. 교수회는 이사회와 의논하고 학장 한상동 목사님을 초청하기로 결의했다. 일은 신속하게 진행되었다.

한상동 학장이 신학교의 초청을 받고 1972년 3월에 네덜란드를 방문했다. 교수회가 열려 여러 가지 정보를 교환하고 서로의 이해를 넓혔다. 교수회는 내가 통역하기 어려운 유학생에 관련된 문제를 논의할 때는 당시 자유대학 철학과에서 박사 학위 과정을 밟으면서 같은 31조파 교회에 속해 신앙생활을 하고 있는 손봉호 선생에게 통역을 부탁했다. 그 외에는 한 목사님이 머무는 약 두 달 동안 전적으로 내가 통역을 하고 모셨다. 당시 그가 영어로나 네덜란드어로 의사소통을 전혀 할 수 없었기 때문에 나는 밤낮 그와 함께 시간을 보내지 않으면 안 되었다.

고려신학교 교사신축 원조 요청

한상동 목사는 갑자기 초청을 받게 되자 큰 기대를 하고 네덜란드에 오게 되었다. 1970년 12월에 문교부로부터 고려신학교 예과과정을 정규대학으로 만들기 위해 대학 설립 인가를 받았으나 대학다운 학교건물이 없었다. 당시 송도의 신학교 교사는 육이오 사변 직후 미군 군사원조를 받아 건축하게 된 단층 교사 세 동 500여 평뿐이었다. 그래서 학교 측에서는 총 3천만 원 예산으로 3층 교사 610평을 신축하기로 했다고 한다. 그러나 그때 한국의 경제사정으로는 이 일을 진행하기가 어려웠다. 그래서 건축 계획은 했지만 실현할 길이 없어 2년을 그대로 지내는 형편에 있었다.

1955년에 지은 고려신학교 단층 건물(송도)

한상동 학장은 네덜란드 신학교의 초청을 받게 되자 혹이 기회에 네덜란드교회로부터 얼마라도 도움을 받을 길이 없을까 생각하고 왔다. 그는 네덜란드에 도착한 후 바로 그날 밤에 나에게 계획하고 있는 610평의 3층 건물 청사진을 보여주면서 이런 학교 건물을 지으려고 하는데 지금 우리 힘으로는 불가능하니 혹 네덜란드 개혁교회에 2만 달러를 빌릴 길이 없을까하고 물으셨다. 원조라는 말은 체면상 어려워 이렇게 하시는 말씀으로 들렸다. "나는 좀 생각을 해 보겠습니다."라고 대답했다.

1960년대나 1970년대 초기의 한국은 육이오 사변 이후 경제적 어려움을 벗어나지 못하고 말할 수 없이 가난하게 지내고 있었다. 네덜란드도 제2차 세계대전 때 나치 독일의 폭격과 점령으로 초토가 되었다. 하지만 1960년대 말 내가 그곳에 유학하던 때에는 다 재건이 되고 유럽에서 가장 잘 사는 나라 가운데 하나가 되었다. 거의 모든 가정이 자동차를 가졌고 생활의 여유가 있었다. 당시 31조파 개혁교회는 1967년 총회에서 한국 고려파 장로교회와 자매 관계를 결의하고 한국교회에 대한 관심이 매우 많음을 나는 잘 알고 있었다.

특별히 네덜란드의 교회가 아시아에 있는 나라의 장로교회와 자매 관계를 맺은 것이 역사적으로 처음 있는 일이었다. 그러니 그들의 관심이 클 수밖에 없었다. 그래서 주말이면 교회들이 한국교회에 대한 이야기를 듣기 위해 거기에서 공부하는 우리를 초청하는 일이 자주 있었다. 나는 한국교회가 도움을 받을 절호의 기회를 하나님이 주신 것으로 여겼다. 또 3월 중에는 3년마다 열리는 개혁교회총회가 열리게 되어 있었다. 그래서 이것도 전국 교회에 도움을 호소할 좋은 기회로 생각했다.

나는 한 목사님으로부터 학교 건축에 대한 말을 들은 후 어떻게 도움을 구하며, 얼마나 도움을 구해야 할지 이틀 동

안 깊이 생각을 했다. 교회의 분위기를 잘 알고 있는 나에게
는 도움을 얻을 수 있다는 자신감이 생겼다. 얼마나 도움을
구해야 할지를 혼자 생각해 보았다. 당시 고려신학교의 학
생 수를 150명으로 추정하고 이들을 위한 교실, 강당, 도서
관, 기숙사를 지으려면 적어도 1천2백 평 이상은 되어야 한
다고 생각했다. 당시 한 평에 6만 원으로 계산해서 이를 위
해서는 적어도 미화 12만 달러가 소요될 것으로 계산되었
다. 이 도움을 받기 위해서는 교회에 영향이 가장 큰 나의
지도교수의 도움이 절대 필요하다고 여겼다. 그래서 캄파
이어스 교수를 찾아가 한상동 학장에게 들은 대로 한국 고
려신학교의 신축의 필요성에 대해 이야기하고 교회의 도움
에 대한 그의 의견을 들어 보았다. 그는 매우 적극적이었다.
그는 이것을 교수회에 의논하고 다음으로 이사회에도 논의
하도록 하겠다는 약속을 했다. 그는 자기의 제자가 곧 가서
일하게 될 학교라는 것을 크게 생각하고 최선을 다해 도울
마음을 가진 것이었다.

나는 한상동 학장을 만나 앞으로 교수회가 모일 것인데
그때 돈을 빌리려는 일에 대해 절대 말하지 말고, 청사진도
내놓지 말라고 했다. 그리고 그가 무슨 말을 어떻게 해야 할
것을 내가 계획한 대로 자세히 알려 드렸다. 나의 교수는 내

게 학장이 이사회의 부탁을 받고 왔는지 물었다. 구미 사람들은 매우 사무적이다. 학교 건축은 학장의 소관이 아니고 이사회의 소관이기 때문이다. 그래서 여기에 대해서도 이사회의 부탁이란 사실을 말하도록 했다.

교수회가 모였을 때 한 목사님은 내가 알려 준 대로 이야기했다. 내가 통역을 했다. 좀 더 설명이 필요할 때는 덧붙여 통역했다. 이때 신축을 위해서는 미화로 약 12만 달러가 필요하다고 했다. 목사님이 빌리기를 원했던 금액의 6배가 되는 액수의 금액이었다. 그 후 교수회는 한국의 신학교 건축을 위해 이사회와 총회에 협력을 요청하기로 합의를 보았다. 세 주간 후 총회에 참석하여 인사하고 교회와 학교 형편을 소개했다.

교수회로부터 한국 신학교 건축의 도움을 위한 청원을 받은 총회는 모든 교회가 힘써 돕기로 결의했다. 즉시 신학교의 재정이사로 오랫동안 봉사한 반데르 콜크(C. vander Kolk) 씨가 전국교회 모금 책임자로 지명되었다. 그는 한 방직회사 사장으로 교회 안에서 넓은 활동을 해 온 분으로 적임자였고, 나의 지도교수의 가장 친한 친구였다. 나와도 지난 여러 해 친분을 가지고 오던 분이었다. 그 해 12월까지 제시한 금액을 초과하는 금액이 약속되고 모금되었다. 기적과 같았다. 이 소식을 들은 한국 교회도 한국교회대로 힘껏 모금해서 지하 1층 지상 3층 연건평 1,700평의 건물을 1975년 8월 15일에 완공할 수 있었다. 당시 고려신학교(대학)는 한국의 신학교들 가운데 제일 좋은 현대식 건물을 갖게 되었다. 현재 고신대학교 의과대학이 사용하고 있는 건물이 바로 그때 지은 건물이다. 모금을 책임졌던 반데르 콜크 씨는 학교를 건축하는 동안 두 번이나 한국을 방문하여 우리 집에 머물렀다. 이분은 그 후 계속하여 전화와 편지로 학

캄파이어스 교수 강의 후 교수들과 함께(1975년)
뒤 왼쪽부터 한상동, 양승달, 안영복, 정홍권, 오병세
앞 왼쪽부터 이근삼, 허순길, 캄파이어스 교수 부부, 박성복, 김성린

교 건축 진행에 대한 정보를 나와 나누고 자금을 조달했다. 캄파이어스 교수는 1975년에 고려신학교에 와서 일주일간 '종말론과 정경'에 대한 강의를 했다.

2010년 7월 나는 옛날의 주임 교수 캄파이어스와 옛 친구들이 세상을 떠나기 전 그들을 한 번 더 만나보기 위해 네덜란드를 방문했다. 그들이 거의 90세가 되었기 때문이다. 캄파이어스 교수와 반데르 콜크 씨는 내가 온다는 소식을 듣고 네덜란드 '매일신문'을 통해 네덜란드 중심지점에 있

네덜란드 친구들과 만남(2010. 8)
앞줄 왼쪽부터 J. vander Kolk. J. Kamphuis. 본인. J. P. Lettinga

Dr. W. Van T Spijker 교수

는 즈볼러시에 리셉션 할 장소와 시간을 알려 나를 만나기 원하는 분들을 초대했다. 이 모임에 반데르 콜크 씨는 휠체어를 타고 와서 사회를 했다. 거기서 캄펜 신학대학교의 여러 교수와 30여 명의 옛 친구들을 만날 수 있었다. 내가 귀국한 지 3개월 후인 11월에 반데르 콜크씨(88세)가 소천했다는 부고를 받았고, 그후 1년이 지난 2011년 12월에는 캄파이어스 교수(89세)가 소천했다는 부고를 받았다. 그들이 소천하기 전에 다시 이 세상에서 한 번 더 만날 기회를 내게 주셨던 하나님께 감사했다.

성지 방문을 원한 한상동 학장

한상동 목사는 네덜란드에 올 때에 예상하지 못한 좋은 결과를 얻게 되었다. 그가 2만 달러 빌릴 뜻을 가지고 왔으나 그것보다 여섯 배가 되는 헌금의 약속을 받아 소망하던 학교 건축의 실현을 볼 수 있게 된 것이다. 그가 거의 두 달을 캄펜에서 지냈다. 거의 매 주일 네덜란드 북부 지방으로부터 최남단 벨기에 접경까지 전국 큰 교회들을 방문하고 설교했다. 나는 계속 그를 모시고 다니며 통역을 했다. 그는 귀빈의 대접을 받았다.

이제 한국에 돌아가셔야 할 때가 되었다. 그는 나에게 하나의 청원을 했다. 이번 여행이 그의 생애에 마지막일 것 같은데 이 기회에 귀국하면서 예루살렘 성지를 방문하기를 원한다고 하시는 것이었다. 그리고 이어 허 목사가 박사학위를 6월 초에 받는다고 하니 그때까지 있다 그 의식에 참석하고 같이 귀국하면서 성지에 들렀다 가면 어떻겠는가 물으셨다. 여행비용은 자기가 모두 부담하겠다고 했다. 그때 나의 형편은 그동안 두 달이나 그에게 매여 지냈는데 한 달 더 매이기 어려운 형편이었다. 더욱이 논문 인쇄 교정을 보아야 할 처지에 있었다. 그래서 나는 "저가 너무 바쁜 때가 되어 염려입니다만 생각해 보겠습니다."라고 우선 답을 했다. 학위 수여를 하는 날이 6월 2일로 정해져 있으니 아직 다섯 주간이 남아 있었다. 목사님은 그동안 독일에 가서 지내다 올 수 있다고 했다.

하루 동안 깊이 생각해 보았다. 평생 주님을 위해 투옥 등 많은 고생을 해온 어른이 그의 마지막 간절한 소원을 말씀하시는데 이것을 들어 드려야 하지 않을까 생각하면서도, 나 자신의 형편이 어려울 뿐 아니라 여러 각도로 생각한 결과 그가 이상 더 유럽에 머무시는 것이 본인에게나 학교에 유익이 되지 않는다는 생각이 들었다.

우리 한국 사람은 일반적으로 어떤 기회를 얻으면 그 기회를 최선으로 이용하여 관광도 하는 것이 일반적이다. 나도 네덜란드에 오는 길에 바로 오지 않고 아테네와 로마에 들른 일이 있었다. 하지만 이곳에 와서 지내면서 서구의 사람들은 우리와 다르다는 것을 깨닫게 되었다. 이분들은 매우 실제적이고 사무적이었다. 어디에 가도 자기 일이 끝나면 바로 돌아가고 돌아오는 것이었다.

한상동 학장은 이곳에 초대되어 와서 두 달 동안 귀빈으로 극진한 대접을 받고 또 분에 넘치는 교사 신축을 위한 원조의 약속도 받았다. 이곳에 와서 할 모든 일을 마쳤는데 학장이란 중한 책임을 지신 어른이 할 일 없이 더 유럽에 머문다는 것은 이분들에게는 이해할 수 없는 일이요, 본인의 명예에도 심한 손상을 가져오는 일로 여겨졌다. 그래서 박정한 일 같지만 바로 돌아가시도록 말씀을 드려야겠다고 생각했다.

다음 날 한 목사님을 조용히 만나 "목사님이 저가 학위를 받을 때 참석하시고, 귀국하는 길에 함께 성지를 들릴 수 있다면 제게도 큰 영광이겠습니다. 그러나 목사님이 여기서 하실 모든 일을 다 마치시고 학교건축을 위해 모금이 시작되는 때에 한 달 이상 귀국하시지 않고 계시면 오해를 사게되고, 목사님과 학교에 유익이 되지 못할 것 같습니다. 서구 사람들은 매우 실제적이고 사무적이어서 일을 마치면 언제나 바로 떠나는 것이 예입니다. 유감스럽지만 목사님이 바로 귀국하시는 것이 목사님과 학교와 교회에 유익할 줄 압니다. 그리고 여기서 학교 건축을 위해 모금하기로 총회가 결의했으니, 목사님도 바로 돌아가셔서 한국교회에 이 일을 알리고 한국교회도 최선을 다해 모금에 동참하도록 하는 것이 좋을 것 같습니다."라고 말씀을 드렸다.

　이때 목사님은 얼굴빛 하나 변하지 않고 "허 목사, 내가 잘못 생각했어요. 하늘에 가면 새 예루살렘이 있는데 지상의 예루살렘을 볼 필요가 있겠나. 바로 돌아가지요."라고 하셨다. 나는 이 말에 큰 감명을 받았고 큰 신앙을 가진 분이 참 다르다고 생각했다. 그는 여러 교수들이 소형 버스를 내어 스히폴 공항까지 함께 나가 환송하는 가운데 귀국했다.

학위 받던 날(Promotie)

　한상동 학장이 귀국하고 난 후 가벼운 마음으로 논문의 인쇄 교정을 보았다. 그가 네덜란드에 온 후에는 지난날 나의 아내에게 와서 위협하던 사람이 더 이상 오지 않는다는 소식을 받았다. 또 내 아내도 한상동 학장이 네덜란드의 신학교를 방문함으로 마음에 안정감을 상당히 얻은 것 같기도 했다. 나의 논문이 인쇄되어 나왔다. 학위논문에 대한 공개 질문을 받고 방어하며 학위를 받게 되는 의식을 네덜란드에서는 '프로모시'(Promotie)라고 한다. 이것은 공개적인 의식적 모임이다. 지금의 형편은 모르지만, 그때는 프로

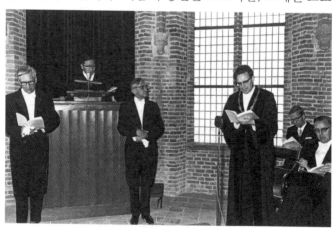

질문하는 총장

de Vres 박사의 질문

모시하는 날짜가 정해지면 정확하게 두 주 전까지 그 논문
이 전국에 있는 모든 대학교로 발송되어야 했다. 이것은 대
학교들 간의 공적인 상호 약속이라고 들었다. 따라서 법적
으로 누구라도 프로모시에 참여하여 논문 내용에 대한 질
문을 청할 수 있게 되어 있었다.

나의 프로모시의 날짜는 1972년 6월 2일 오후 2시로 정해
졌다. 모든 일이 은혜롭게 진행되어 캄펜 렘커르 홀(Lemk-
erzaal)에서 의식이 있었다. 위엄 있는 의식이었다. 당시 네
덜란드에서는 한 사람의 박사학위 받는 일을 위해 이런 예

주임교수(J. Kamphuis)의 학위 수여

식이 집행되었다. 이 프로모시에는 대학교 이사회 회원들이 먼저 줄지어 들어와 자리를 잡고, 그다음에 교수들이 줄지어 들어온다. 홀에는 나를 그동안 도와준 흐로닝언 남교회의 교인들과 신학생들을 합해 400여 명이 모였다. 이때에는 또 학위논문 변증하는 사람 양편에 두 사람의 대반이 서게 된다. 일반적으로 가장 친한 친구들이 이 역할을 맡게 된다. 이를 위해서 그동안 나를 도와준 교회의 목사 가운데 언제나 한국위원이 되어 친구가 되어 온 스탐 목사(C. Stam, 캐나다 개혁교회 C. Stam 목사의 삼촌)와 캄펜의 유도키아 교회를 시무하는 록크(P. Lok) 목사가 서 주었다. 이들은 모두 나보다 10살이나 나이가 더 많은 분들이었다. 내게는 영광이요, 감사한 일이었다.

나는 교수회의 허락을 받고 네덜란드에서 일반적으로 입는 예복이 아닌 한복과 두루마기를 입기로 허락 받았다. 신학대학교 학장이 개회하여 6, 7명의 논객이 논문의 내용에 대한 질문을 하였고, 나는 이에 대한 답변과 방어를 했다. 그 후 잠시 교수들의 협의를 위한 휴식이 있었고. 이어 학장의 판정 선언이 있었다. 그리고 지도교수가 주는 학위를 받았다.

이날은 큰 잔치 날이 되었다. 의식이 끝난 후 바로 캄펜의 강 옆에 있는 호텔에서 리셉션이 있었다. 수많은 사람의 축하를 받았다. 그 신학대학교에서 한국 사람으로서는 처음 박사 학위를 받는 일이 되어 온 교회의 관심을 끌게 된 것이다. 한국인으로서는 자유대학에서 박사학위 과정을 밟고 있는 손봉호 선생 내외와 캄펜에서 석사과정을 공부하는 박성복 전도사 내외가 참석했다. 나의 아내가 참석 못한 것이 한편 섭섭했다. 다음 날 그곳 교파 신자들 대부분이 받아 보는 '네덜란드 일간 신문'(Nederlandse Dagblad) 이삼 면

흐로닝언 교회의 작별모임

이 이 '프로모시' 기사로 가득 찼다.

　학위를 받은 날 캄펜 신학대학교 교수들의 부인들이 나의 아내가 혼자 고생했다고 돈을 모아 '위그노 십자가'라는 아름다운 금목걸이를 아내에게 전해 주라고 선물로 주었다. 그 주간 금요일 밤에는 나를 지원한 '흐로닝언 남교회'에서 작별의 밤을 가졌다. 이 교회의 두 교회당 중 하나인 콜룸나(Columna) 교회당에서 칠백여 명의 형제자매들이 모였다. 거기에는 그동안 친교를 가져온 주변 여러 목사님, 나의 지도교수 내외도 멀리 와서 참석해 주셨다. 이 밤에는 교회 합창단의 합창을 비롯한 여러 연주도 있었다. 아름다운 성도의 교제 모임이었으나 내게는 아쉬운 작별의 밤이기도 했다. 이때 교회는 혼자 고생한 아내에게 전해주라고 금 브로치를 선물로 주었고 나에게는 네덜란드어 주석(Korte Verklaring) 한 질을 선물로 주었다.

아내를 위한 교회의 선물

11. 고려신학대학 봉사

영구 귀국

1972년 6월 중순에 네덜란드를 떠나 미국을 거쳐 8월 초에 한국에 도착했다. 김포를 거쳐 부산 수영 비행장에 내렸다. 아내와 아이들, 한상동 학장을 비롯한 신학교 관계자 여러분들과 친지들이 나와 기다리고 있었다. 많은 분이 소위 3박사가 학위를 받고 귀국한 이후 10년이 되는 해에 처음으로 학위를 받고 오는 목사를 맞는다면서 반가워하고 축하해 주었다. 이때는 나의 아내가 어린아이들을 데리고 대구에서 부산으로 이사하여 수영에서 지내고 있었다. 내가 처음 떠날 때 6살이었던 큰딸 성미는 중학생이 되었고, 출생한 지 겨우 두 달이 지났던 막내둥이는 7살이 되었다. 이제 정상적인 가정생활과 학교의 봉사생활이 시작되었다.

뒷줄 왼쪽부터 홍관표(총무처장), 정홍권 교수, 김성린 교수, 본인, 김용섭 교수
앞줄 왼쪽부터 이근삼 교수, 홍반식 교수, 한상동 학장, 오병세 교수(1974년)

당시 신학교의 상황은 오늘에 비하면 모든 면에서 상상하기 어려울 만큼 열악했다. 1970년에 고려신학교 예과가 고려신학대학이란 이름으로 대학인가를 받았으나 건물은 육이오 사변 후, 미 군사원조를 받아 지은 단층건물 세 동뿐이었고, 대학 건물이라고 보기에는 너무 초라했다. 당시 학장으로는 한상동 목사였고, 신학교 교수로는 10년 전에 귀국하여 교수로 봉사해온 세 박사 홍반식, 이근삼, 오병세뿐이었다. 예과에 김성린, 김용섭, 정홍권 교수가 가르치고 있었다. 당시 신학교 전 학생 수는 70명(3학년 16명, 2학년 17

명, 1학년 27명) 정도밖에 되지 않았다.

나는 9월 학기부터 교회사를 맡아 학교 강의를 시작했다. 동시에 학생처장의 보직을 맡게 되었다. 그런데 내가 학교의 봉사를 시작한 다음 해에 학교에는 큰 시련이 왔다. 소위 법적 이사장의 문제로 학교와 교회가 큰 시련을 겪게 되었다. 당시 이사장은 송상석 목사였고 학장은 한상동 목사였다. 이사장 자리 때문에 교회가 시련을 겪는다는 것은 개혁교회 생활의 상식으로서는 이해할 수 없는 일이었다. 이 문제로 학교가 직간접으로 큰 영향을 받게 되었다.

법적 이사장 사건으로 겪은 시련과 신학교 교사의 건축

이사장 자리 때문에 온 시련은 지난날 고신교회 안에 있는 교회 주도권 대결구도의 결과이기도 했다. 일찍부터 한상동 목사를 중심으로 한 부산 고려신학교 주변과 송상석 목사를 중심으로 한 경남노회 사이에는 약간의 긴장이 있었다. 이때 송상석 목사와 한상동 목사는 다 은퇴를 앞두고 송 목사는 이사장으로, 한 목사는 학장으로 마지막 공적 봉사를 하고 있었다. 지난날 두 분이 이따금 뜻을 같이할 수 없는 처지에 있었지만 송 목사는 정치적 기지로, 한 목사는 영적 지도력을 갖추고 서로 어렵게 포용을 하면서 고신교회를 거의 30년 동안 이끌어 왔다. 두 분 다 마지막 아름다운 봉사를 하고 서로를 축하하면서 명예로운 은퇴를 해야 했다. 그러나 부패한 인간성 속에 있는 명예욕과 아집이 이런 길을 가로막고 말았다.

송상석 목사는 1972년 9월 총회 시 문교부가 허락한 이사장 임기는 아직 3년이 남아 있었지만, 그의 4년 이사 임기가 총회 규정에 따라 만료됨으로 물러나야 했다. 결과 김희도 목사가 그를 이어 새 이사장으로 선임되었다. 그러나 총회 후 그는 문교부가 승인한 이사장 임기가 아직 3년 남아 있다고 주장하고 사무인계를 거절하였다. 이 일 때문에 이사회가 전이사장 편과 새 이사장 편 둘로 나뉘게 되고 서로 충돌하게 되었다. 결과 이사회 산하 학교와 복음병원 양 기관이 운영상 큰 어려움을 겪게 되었다. 특별히 당시 신학교(대학)는 네덜란드 교회로부터 신축을 위한 원조의 약속을 받아 속히 신축 장소를 확정하고 건축을 시작해야 할 처지에 있었으나 법적 이사장 문제로 일이 정상적으로 진행될 수 없었다.

한상동과 송상석 두 분은 지난날 거듭된 충돌과 대치 속에서도 고신 교회를 함께 이끌고 나왔다. 지난날 한상동이 승동 측과의 합동을 독주하다시피 조급하게 추진했을 때, 송상석은 정치적인 예지를 가지고 속도를 조절하려는 태도를 보이면서도 지지하였고, 합동 후 한상동이 갑자기 고려신학교 복교를 선언하였을 때는 그의 어려운 처지를 변호해 주기도 했으며, 교회지도자들이 환원을 추진했을 때도 협력했다.

송상석은 한상동이 어려울 때 도와주고 안 될 일도 되도록 해주었지만 크게 인정을 받지 못하고, 한상동은 실수를 해도 여전히 주변의 존경을 받아 온 것에 불만스러워했다. 송상석과 비교적 가까이 지내면서 정치적 기지를 발휘해 온 황철도 목사는 한상동은 언제나 일을 만들고 우리는 항상 뒤에서 수습했는데, 영광은 언제나 한상동에게만 돌아간다고 불만스럽게 말하는 것을 들은 기억이 난다.

이번에도 한상동은 학장의 위치에서 네덜란드에 가서 신축원조의 약속을 받고 영예스럽게 돌아와 교회로부터 환영을 받았다. 이때 송상석은 한상동이 학장으로 학교 신축을 완성하고 영광스럽게 은퇴하게 될 것을 내다보았다. 하지만 이사장인 자기는 그 전에 교회의 규정에 따라 홀로 물러감이 서운하여 마지막 봉사의 영광을 함께 누리자는 생각에서 이사장직에 집착했던 것으로 여겨졌다. 내가 한상동 목사의 네덜란드 방문 시 원조문제를 주선한 이후 귀국하여 원조금을 받는 문제로 계속 송상석 이사장과 접촉을 했다. 때문에 그 정서를 충분히 짐작했다.

뛰어난 정치적 기질을 가진 송 목사는 그가 하는 말에 언제나 정치적인 뜻이 담겨 있음을 느끼게 했다. 내가 귀국하여 한상동 학장과 함께 복음간호학교 안에 있는 이사장실을 인사차 방문했을 때, 한상동 학장은 나를 그곳까지 인도해주고 곧 떠났다. 이때 송상석 이사장이 내게 처음 건넨 말이 "허 목사, 앞으로 잘 해보시라요. 잘하면 곧 정 교수도 되고 학장도 된다."라고 하였다. 말없이 듣고 나는 씁쓸한 기분이 들었다.

1973년 네덜란드로부터 모금위원장인 반데르 콜크(vander Kolk) 씨가 내한하여 우리 집에 머물렀다. 당시 총회가 인준한 이사회는 송 목사의 법적 이사장 주장 때문에 일을 하지 못하고 있었다. 나는 이 소용돌이 속에서 반데르 콜크씨에게 이 형편을 조심스럽게 알리고, 양편이 만나는 일을 주선하고 통역을 해 주었다. 당시 송 목사는 네덜란드 돈을 받아 관리하는 것에 대해 큰 관심을 보였다.

송상석 목사가 부산 남포동 한 양식당에서 네덜란드 손님을 모시고 나와 달라는 전화가 왔다. 손님을 모시고 나가니 마산에서 그의 이웃 교회에 시무하는 손명복 목사님과 함께 있었다. 그때 서로 특별한 이야기는 없었다. 서로 인사만 오갔다. 송 목사는 네덜란드에서 학교 신축을 위해 도와주어 감사하다는 말만 했다. 그리고 반데르 콜크씨는 네덜란드 교회는 한국의 자매교회를 돕는 일을 매우 기쁘게 생각한다고 하면서 신축이 속히 잘 진행되기를 바란다고 했다. 그리고 일반적인 이야기를 잠시하고 헤어졌다.

그 후 얼마 안 되어 부산 서울 등에서 분열된 이사회 문제를 둘러싼 공청회가 열렸다. 서울 성원교회에서 송상석 목사를 중심으로 공청회가 열린다는 소식이 들렸다. 나도 거기 가서 뒷자리에 앉아 들었다. 그런데 송상석 목사는 자기가 이사장으로 있어야 하는 이유를 몇 가지로 설명하는 가운데 네덜란드로부터의 건축 원조금에 대해 이야기했다. "내가 얼마 전에 네덜란드에서 온 모금위원장 반데르 콜크씨를 만났는데 내가 이사장으로 있으면 원조금을 당장 보내주겠다고 약속했습니다. 손명복 목사님이 나와 함께 그를 만났는데 구체적으로 이야기하겠습니다."라고 했다. 두 분은 내가 거기 참석하고 있다는 사실을 몰랐는지 모른다.

　나는 이때 그가 나와 함께 반데르 콜크씨를 만난 일 외에 는 다른 만남이 없었는데 어떻게 저런 말씀을 하실 수 있을 까 놀랐다. 어려운 일이지만 잘못된 것은 바로잡아야겠다 고 생각하고 앞으로 나가 발언권을 얻었다. 내가 두 분과의 만남에서 통역을 했는데 전혀 그런 약속을 한 일이 없다고 밝혔다. 내가 이런 일에 관해 말하는 것은 이미 고인이 된 어 른들의 흠을 일부러 들추어내려는 것이 결코 아니다. 이 생 애에서 우리들의 생활은 이렇게 불완전하고 하나님의 말씀 에 대한 순종생활에 약하다는 사실을 말하려는 것뿐이다. 지난날 충성스럽게 살아온 목사들도 그릇된 정치에 연관되 면 신앙양심을 양보하고 자신을 속일 수 있다. 송 목사는 결 국 그가 지속하기를 원한 이사장직에 법적으로도 머물 수 없게 되었고, 전혀 딴 분인 이경석 목사가 이사장이 되어 학 교 건축을 마무리하게 되었다. 나는 학교 신축 동안 네덜란 드와 부절히 연락하여 신축 자금을 조달하는 일을 도왔다. 1975년 8월 송도에 학교 신축의 준공을 보게 되었다.

12. 1976년 호주와 네덜란드 방문

뜻밖에 찾아온 호주 자유개혁교회 손님

1976년 봄 일본에서 낯선 분들로부터 전화가 왔다. 호주에 있는 네덜란드계 자유개혁교회(The Free Reformed Churches in Australia)에 속한 두 분이 사업 관광차 일본에 왔다가 내게 연락했다. 한 분은 금은 보석상을 하는 분으로 일본 세이코 시계회사의 초청으로 일본에 왔다고 했다. 다른 분은 같은 교회에 있는 그의 친구였다. 그들은 서부 호주 퍼스 시 외곽 지역 아마데일(Armadale)에 있는 자유개혁교회의 신자들이었다. 한국에 와서 며칠 동안 우리 집에 머물 수 있겠느냐 물었다. 환영했다. 그들의 교회는 제2차 세계 대전 후 1950년대에 네덜란드에서 호주에 이민한 네덜란드 31조파 개혁교회에 속했던 분들이었다. 두 분이 송도에 있는 우리 집에 와서 3박 4일을 머물다 돌아갔다.

그들은 당시 호주에 살면서 네덜란드의 교회 주간지뿐 아니라, 기독교 일간신문까지 받아 보며 네덜란드의 교회 사정을 잘 알고 있었다. 그들이 나를 알게 된 것도 네덜란드의 기독교 일간지 신문을 통해서였다고 한다. 그들은 이민 제일 세대에 속한 분들로서 호주에 온 지 20년이 지났지만 고국의 모교회들과 영적 호흡을 같이하며 밀접한 관계를 유지하고 있었다.

그들이 호주로 돌아간 후 두 달이 지나 아마데일 교회로부터 내게 초청장이 왔다. 호주 자유개혁교회는 네덜란드 개혁교회가 1967년에 한국 고신 장로교회와 자매 관계에 들어간 것을 알고, 그들도 우리 고신교회와 자매 관계 맺을 것을 1976년 총회에서 결의했다. 결과 한국교회의 이해와 깊은 친교를 위해 나를 초청한 것이었다. 초청을 받은 나는 이 기회에 네덜란드에도 한번 다녀오기를 바라고, 네덜란드 신학대학교에 알린 결과 교수회는 9월의 '신학교의 날'에 강사 중 한 분으로 초청하기로 결의했다는 연락을 받았다.

호주 자유개혁교회 방문

1976년 여름 방학이 시작되자 7월 10일에 호주와 네덜란드를 목표하고 여행길에 나섰다. 그때만 해도 지금처럼 항공편이 잦지 않았고 불편했다. 홍콩과 싱가포르를 거쳐 14일에 서부 호주의 수도 퍼스(Perth)에 도착했다. 이때 나는 아마데일 교회의 브뤼닝(K. Bruning) 목사 댁에 주로 유숙하면서 자기들의 일정에 따라 교회들을 방문하게 되었다. 하루 저녁은 아마데일 자유개혁교회 당회에 참석하여 대화를 나누고, 또 하루 저녁에는 교회 회중 전체의 모임에서 한국 고신교회와 신학교를 소개했다. 당시 이 교회의 교인 수는 약 9백 50여 명이었다. 주일에는 서툰 한국적인 영어로 설교했다. 이민 1세대들 가운데 70대 전후의 분들이 두 주에 한번 오후에 따로 모여 네덜란드어로 예배를 드리고 있었다. 나는 거기서도 한국적 네덜란드어로 설교했다. 저들은 한국 사람이 네덜란드어로 설교하니 기이하게 여겼다.

또 한 주일은 그곳에서 약 350㎞ 떨어져 있는 올버니(Albany)란 항구 도시에 있는 교회(Rev. W. Wiellenga 시무)에 가서 설교했다. 이 교회는 약 500명이 모이고 있었다. 저들은 호주 동남 쪽 태즈메이니아(Tasmania)라는 섬에 있는 교회를 방문할 계획도 세워 놓고 있었다. 그곳까지는 비행기로 도 네 시간 이상이 걸리는 곳으로 호주 대륙을 완전히 가로 질러 멜버른을 거쳐 가야 했다. 비행기가 아닌 자가용차로 대륙을 횡단하는 것이 어떠냐고 물었다. 3,500㎞가 되는 먼 거리였다. 나는 호기심을 가지고 좋다고 했다. 아침 7시부 터 밤 10시 넘게 세 분이 번갈아 운전하며 달렸다. 도중에 있 는 눌라버 평원(Nullarbor Plain)에서는 온종일 곧은길을 달 렸다. 어떤 때는 10분 이상을 달려도 맞은편에서 오는 차가 없었다. 거의 100㎞ 거리마다 주유소와 모텔이 있었다. 이 틀 밤을 도중 모텔에서 보내고 사흘 만에야 멜버른에 도착 했다. 거기에서는 비행기로 태즈메이니아 섬의 론서스턴 (Launceston)으로 갔다.

태즈메이니아 섬은 자연의 경관이 뛰어난 곳으로 세계적 으로 관광객이 모여드는 곳이다. 이곳에 약 450명이 모이는 자유개혁교회가 있어 한 주일 설교를 했다. 하룻밤 모임에 서는 고신교회와 신학교를 소개했다. 며칠 동안 그 지역을 둘러보고 다시 먼 여행길을 떠나 함께 퍼스로 돌아왔다. 이 제 호주에서 할 일을 마쳤다.

호주 방문 시 교회마다 하룻밤을 따로 한국의 밤으로 정하고 모이게 되어 나는 고신교회의 간략한 역사와 신학교를 소개할 좋은 기회를 가졌다. 이때부터 호주 자유개혁교회는 매년 한두 번씩 고려신학대학원을 위해 기도하고 헌금하여 보내주기 시작했다. 올버니에 있는 교회는 3개월마다 갖는 성찬식이 있는 주일의 헌금은 모두 고려신학교를 위해 보내 주었다. 두 교회는 이때 시작한 헌금을 내가 고려신학대학원의 봉사를 끝내고 은퇴할 때까지도 계속했다. 그러니 고려신학대학원을 위한 헌금을 20년 이상 계속해 왔던 것이다. 한국에 있는 우리 교회보다 그들이 우리 신학교에 더 큰 관심을 가지고 도와준 셈이었다.

네덜란드 방문

1976년 8월 11일 수요일 퍼스를 떠나 네덜란드로 향하였다. 14일 오후에 네덜란드 스히폴공항에 도착했다. 교수회 서기인 반 브루겐(J. van Bruggen) 교수와 나의 지도 교수였던 캄파이어스 교수가 마중을 나와 주셨다. 첫 주간은 캄파이어스교수 댁에 지내고, 다음 주는 네덜란드에서 공부할 때 나에게 여러 면으로 도우며 가장 가까운 친구가 되어 주었던 고전어 교수인 렛팅가(J. P. Lettinga) 댁에서 머물렀다.

렛팅가 교수 집에 머물면서 대강 적어온 '신학교의 날'의 연설문을 정리했다. 캄펜에서는 해마다 새 학년도의 시작인 9월이 되면 '신학교의 날'을 지킨다. 이날은 아침 일찍부터 전국으로부터 만여 명의 교인이 캄펜으로 몰려든다. 학교 측은 집회를 위해 시내 큰 교회당들과 홀들을 빌리고 대형 천막도 친다. 이 여러 집회 장소에 여러 강사가 돌아가며 오전 오후 다양한 제목으로 연설하게 된다. 이때 교인들은 자기 마음대로 이곳저곳을 다니며 듣게 된다. 이날은 네덜란드 개혁교회의 큰 잔칫날이다. 이 집회에서 나온 헌금은 신학교 도서관 도서구입으로 제공이 된다.

나는 '한국과 네덜란드의 접촉의 역사'를 내용으로 제목은 '둘째 페이지'(Pagina 2)라고 붙였다. 이 제목은 듣기에 이상하지만 렛팅가 교수가 내용을 읽어보고 추천한 제목이다. 그곳 교회적인 일간신문 둘째 페이지는 항상 새로운 교회 소식이 실리게 된다. 교수님은 내용이 매우 새로운 것이므로 이 제목을 붙이는 것이 사람들의 시선을 끌게 될 것이라고 했다. 그는 고전어(히브리어, 아람어)를 가르치는 분으로 원래 점하나 빼지 않는 매우 정확하고 재치 있는 분이었다. 나의 연설의 주요 내용은 1627년 일본을 향해 항해하

던 중에 표류하여 한국에 상륙했다 붙들려 한국에 정착하게
된 벨테브레이(Jan J. Weltvree)를 시작으로 오늘날까지의 양
국 민족과 교회의 접촉역사를 다룬 것이었다. 9월 8일이 '신
학교의 날'이었다. 정말 사람들은 그 제목이 이상해서 들으
러 온 본들이 많았다. 네덜란드에 있는 동안 나는 흐로닝언
을 위시한 몇 교회에서 설교함으로 하나님의 말씀을 선포
할 특권도 가졌다.

9월 16일에 귀국길에 올랐다. 이때 캐나다 개혁교회로부
터 거쳐 가라는 부탁을 받았다. 앞서 언급한 대로 캐나다 교
회는 한국의 고아원(대구 사랑의 집)을 돕는 등 한국과 간접
적인 관계를 해 왔으나 자매 관계를 맺는 일에는 매우 주저
하는 편이었다. 이때 내게 방문을 요청한 것은 한국의 고신
교회를 더 알고자 한 데 있었다. 캐나다 개혁교회와 한국 고
신교회와의 자매 관계는 오랜 시간 후인 1992년에야 결실을
보게 되었다. 캐나다에 들려 토론토, 에드먼턴, 밴쿠버 근
교에 있는 여러 교회를 방문하여 목사들과 교제를 나누고
10월 5일에 귀국했다.

13. 호주자유개혁교회의 목사 청빙을 받음

교회 청빙을 받음

호주와 네덜란드를 방문하고 돌아온 지 한 달이 지났을 때다. 1976년 11월 16일 화요일에 서부 호주 수도 퍼스(Perth)의 외곽 지역인 아마데일(Armadale)에 있는 자유개혁교회 당회로부터 전보가 왔다. 14일 주일 공동의회를 열어 나를 목사로 청빙하기로 결의했다는 내용이었다. 곧 공식 청빙서를 우편으로 받게 될 것이라고 했다. 나도 놀라고 나의 아내도 놀랐다.

호주 교회를 방문하고 떠나기 직전 브뤼닝 목사(Rev. K. Bruning) 집에 머물 때 브뤼닝 목사가 나에게 이런 말을 한 적이 있었다. "교수로 봉사는 분에게 이런 말을 하는 것이 실례가 될지 모르지만, 혹 호주에 와서 자기와 동역할 수 없는가?"라고 하는 것이었다. 호주에 와서 네덜란드인 개혁교회를 봉사하는 일도 하나님 앞에 매우 가치 있는 일이 될 것이라고 했다. 이 말에 나는 상당히 당황했다. 나를 그렇게 생각해 주어 고맙다고 하면서 그냥 지나가는 말로만 여겼다. 특별히 서로 전혀 다른 문화와 민족에 속한 교회에 와서 한국어가 아닌 영어로 목회한다는 것을 나는 내심 불가능한 것으로 여겼다. 브뤼닝 목사는 1960년 네덜란드에서 이 교회에 청빙 받아 16년째 시무하고 있었고 나보다 열세 살 위였다.

이 교회는 1950년 10월 네덜란드의 31조파 개혁교회로부터 이민한 두 가정 21명(고백교인 4명과 유세교인 17명)의 가정교회로 시작되었다. 하지만 25년 후, 내가 방문했던 1976년에는 거의 950명이 모이는 큰 교회로 성장했다. 당시 당회는 교회 회원의 수가 너무 많아 교회를 둘로 분리하기로 계획하고, 우선 동사 목사를 한 분을 청하기로 결의하여 청빙하는 과정에 있었다. 내가 방문하기 바로 전 캐나다 해밀턴 개혁교회 목사(Rev. W. Huizenga)를 청빙했으나 떠날 형편이 못되어 청빙 수락이 되지 않았다. 그 무렵 내가 방문하게 되었다.

호주에 있는 네덜란드계 개혁교회가 어떻게 모국 네덜란드에 있는 교회와 같은 정체성을 가지고 저렇게 빨리 성장할 수 있었는가에 관하여 생각을 하게 된다. 개혁교회 교인들은 자기 신앙의 정체를 잃을 위험이 있는 이주는 하지 않는다. 1950년 두 가정이 함께 호주에 이민할 때 이주지에서 네덜란드에서와 꼭 같은 정체를 가진 교회를 세우기로 다짐을 하고 개척자들로 이주하였다. 그들이 와서 정착하자마자 곧 모국에 있는 자기들 교회의 주간지와 일간지에 자기들의 정착을 소개하고, 그곳 환경과 일자리를 알리며 이민 지원자들을 모집한 것이다. 그리고 새로운 이민자들이 와서 우선 머물 수 있는 장소도 마련하여 도왔다. 곧 이민자들이 뒤이어 도착해서 교회를 세우게 되었을 때는 이민지원위원회(Immigration Committee)를 조직하고 이민에 연관된 소책자를 만들어 모국 자기 교회에 공급하고 조직적으로 활동했다. 내가 청빙 받아 갈 때만 해도 이 위원회가 있어서 교회의 집사회와 협의하여 모국교회로부터 이민을 오면 우선 머물 수 있는 집을 두 채 마련해 두고 있었다. 그 후 이민 오는 사람들이 차츰 줄어들자 이 위원회는 그 재산을 은퇴한 성도들의 마을 설립에 투자하여 '미항'(Fair Haven)이라는 마을을 운영하게 되었다. 미국, 캐나다, 남아, 호주

등 여러 나라에 있는 네덜란드계 개혁교회들은 이런 방식으로 외지에 이주하고 정착함으로 다른 교회와 구별된 정체성 있는 교회를 이루고 살고 있었다.

내가 호주 자유개혁교회에 청빙을 받을 때만 해도 이민 제1세대들이 대부분이어서 아직 조국 네덜란드 교회의 동향에 대한 큰 관심을 가지고 상당수 가정이 교회 주간 잡지, 기독교 일간신문까지 받아 보고 있었다. 그래서 그들은 내가 네덜란드에서 학위를 받을 때 일간 신문에 실린 것을 읽고 나를 잘 알고 있었다. 관심이 있는 여러 분이 나의 논문을 구해 읽었다는 말도 들었다.

그들의 생각에 내가 철저한 개혁주의 입장에 서 있는 목사인 것으로 판단했었던 같다. 내가 방문했을 때 서툰 영어와 네덜란드어로 설교를 했지만 그것을 신기하게 생각하고 내가 목사로 오면 감당할 수 있을 것으로 본 것이다. 뒤에 알게 된 일이지만 내가 다녀간 후 당회는 곧 네덜란드에 있는 지난날의 나의 지도 교수와 다른 친지들에게 연락하여 나에 관한 정보를 수집하고 그들의 자문을 구했다고 한다. 전보를 받은 지 약 일주일 후에 11월 18일 자로 작성된 청빙서가 우편으로 도착했다. 거기에는 당회 명의의 간단

한 편지와 함께 청빙서와 청빙 조건을 담은 공식 문서가 포함되었다.

청빙서 내용은 매우 사무적이었다. 한국 교회의 목사청빙서 내용과는 좀 달랐다. 몇 가지만 소개하면 사택을 제공하고, 생활비는 주급으로 200불이며, 매년 적어도 한 번 이상 생활비를 조정하며, 휴가는 매년 6주간이고, 교회에서 제공하는 자동차는 교회와 가정을 위해 자유롭게 사용할 수 있되, 휴가 중에 사용하는 기름값은 본인 부담이라는 것 등이었다.

청빙서를 받으면 다섯 주 안에 수락 여부를 알려주어야 했다. 청빙서를 받은 후, 곧이어 그곳 교회의 여러 교인으로부터 나와 우리 가족을 환영한다는 수많은 환영 카드를 받았다. 이 교회에 속한 초등, 중고등 학교인 칼빈 학교 학생들이 환영 카드를 만들어 2백여 장을 함께 묶어 소포로 보내어오기도 했다.

개혁교회에서는 일반적으로 교회에서 청빙이 결정되면 바로 이 사실을 본인에게 알릴뿐 아니라, 기독교 일간 신문에 광고한다. 그리고 청빙하는 교회의 교인들은 목사와 그 가족에게 환영 전화를 하고 카드를 보냄으로 그들의 환영의 뜻을 알린다. 목사가 어느 교회에 청빙을 받는 것은 영광스런 일이므로 주변 동역자들과 여러 사람으로부터 축하의 인사도 받게 된다.

이어 나는 다른 편지도 받았다. 네덜란드에서 나를 아끼는 두 분이 네덜란드 신문으로부터 내가 호주 자유개혁교회의 청빙을 받은 사실을 알고 축하하면서도 한국 신학교에 봉사하는 것이 좋지 않은가 하며 청빙 수락을 은연중 만류하는 내용의 편지를 보냈다. 1970년도 캐나다 방문 때 친교를 가진 경험 많은 캐나다 개혁교회의 한 원로 목사(van Doren)는 자기의 지난 경험을 말하면서 청빙 수락을 우려하는 긴 편지를 보냈다. 네덜란드에서 이민 온 사람들은 일반적으로 특수한 개성을 가진 분들이라고 하면서, 목회는 문화적 배경을 무시할 수 없는데 한국인 목사가 네덜란드 이민자 속에서 네덜란드 목사에게도 어려운 목회를 한다는 것은 쉽지 않을 것이라고 하였다. 간접적인 말로 한국에서 봉사하는 것이 좋을 것이라고 하는 의견을 보냈다. 모두 나를 아끼고 사랑하는 귀한 친구들의 글이었다.

이때 나를 청빙한 호주 아마데일 자유개혁교회의 브뤼닝 목사로부터 개인적인 편지가 왔다. 공동회의에서 절대다수로 청빙하는 일이 통과되었으나 문화적인 차이를 들어 반대하는 고령의 몇 분이 있다고 하면서, 그들이 틀림없이 자기들의 반대 의견을 밝히는 편지를 보내게 될 것인데 놀라지 말고 그것을 심각하게 생각하지도 말라고 했다. 이분들은 교회설립 초기부터 있었던 분들이었다. 브뤼닝 목사가 알려준 대로 곧 세 통의 편지가 왔다. 저들은 내게 대해 좋지 않은 생각을 가질 아무 이유가 없으나, 단지 문화의 차이로 목회가 어려울 줄 안다고 하면서 청빙을 수락하지 않는 것이 좋을 것이라고 했다. 그 중 한 분은 같은 뜻을 밝히면서 "나는 개인적으로 당신이 오는 것을 환영하지 않습니다."라고 솔직하게 자기 뜻을 밝히기도 했다.

청빙 수락

청빙 받은 사실을 교수회에도 알리고 이사회에도 알렸다. 청빙을 수락하는 일은 쉽지 않았다. 당시 이사장 한명동 목사께서 찾아오셔서 간곡하게 만류했다. 신학교 학생회 대표들도 집을 찾아와서 만류했다. 당시만 해도 신학교에 교수의 수가 적고 모자라는 형편이었다. 그러니 청빙을 수락하고 학교를 떠난다는 것이 나의 신앙양심으로도 쉽지는 않았다. 나는 주님의 뜻을 찾기 위해 기도하였다. 정한 날짜 안에 청빙 수락 문제를 결정할 수가 없었다. 그래서 그곳 당회에 이곳 현재 상황이 수락 여부를 결정하기 어려운 형편에 있으니 좀 더 고려할 시간적 여유를 달라고 편지를 썼다. 당회는 내가 결정할 때까지 기다리겠다고 알려 왔다.

2개월 후에 나는 청빙을 수락하는 것이 하나님의 뜻으로 결론을 내렸다. 네덜란드계통 개혁교회가 피부의 색깔이 다르고 문화와 전통이 전혀 다른 배경을 가진 나같이 부족한 한국인 목사를 청빙하는 것은 사람이 하는 일이 아닌 주님의 특별한 섭리로 이루어진 일이라는 생각하게 되었다. 서구 민족에 속한 교회를 시무해 본 일이 없고, 영어를 쓰는 나라의 교회를 봉사해 본 경험이 없는 나에게는 모든 것이 쉽지 않게만 여겨진 것은 사실이었다. 하지만 주께서 감당할 힘을 주실 것도 믿었다. 나아가 주께서 나에게 개혁교회를 깊이 알고 배울 기회를 주신 것으로도 믿게 되었다. 사실 네덜란드에서 만 6년 살고 교회생활을 했지만, 교회생활의 깊이는 알 수 없었다. 주의 뜻이면 앞으로 개혁교회 목회경험을 가지고 귀국하여 목회할 생각도 하게 되었다. 아내와 상의하고 1977년 3월 말에 그 청빙을 수락하기로 하고 이를 아미데일 개혁교회 당회에 알렸다. 이는 청빙을 받은 지 거의 3개월이 지난 뒤였다. 청빙을 수락한 후 이민 수속을 해야 했다. 당시 이민 수속을 하는 데는 6개월이 소요되었다. 이민 수속을 시작하고 가을 학기까지 강의했다.

이민 수속을 하는 중 1977년 여름에 우리 가정은 네덜란드로부터 귀한 손님 두 분을 영접하게 되었다. 이 두 분은 내가 네덜란드에 유학할 때 한국에 교회개척을 돕기 위해 모금 활동을 하며 봉사해 온 자매들이었다. 두 분 다 독신으로한 분은 간호원이었고(Hannie Selles), 다른 한 분은 회사의서기 일을 보는 자매였다(Emmy Annevelt). 60대에 있는 분들로서 그동안 자기들이 도와온 개척교회의 성장하는 모습을 보고자 찾아왔다. 당시 나는 이들이 하는 일에 중간 역할을 해 왔다. 당시 부산지역의 동부 삼일교회, 은항교회, 마산지역의 동성교회, 대구지역의 신흥로교회, 서도교회, 진주 지역의 동부교회, 서울의 보은교회 등 여러 교회의 개척을 도왔다. 그들은 낮에는 일하고, 밤에 시간을 내어 활동하고 모금하여 한국교회를 도왔다. 1960~70년대 경제적으로 어려운 한국에 이 여성들의 도움으로 열 곳 이상의 개척교회가 섰다. 저들은 1987년 7월 13일에 한국에 도착하여 개척교회들을 둘러보고 7월 25일에 돌아갔다.

어머니의 소천

1977년 가을 내게 가장 슬픈 일이 일어났다. 나를 주님 앞으로 이끌어 주시고, 완고한 아버지의 뜻을 거슬러 가면서 학교에 가서 공부할 수 있도록 길을 열어주시고, 내가 목사가 되었을 때 그렇게 감사하고 기뻐하셨으며, 네덜란드에서 공부를 마치고 돌아왔을 때 그의 모든 기도가 이루어졌음을 믿고 그렇게 좋아하시던 어머님이 8월 5일에 별세하신 것이다. 땅 위에서 할 일을 다 마쳤기에 하나님은 그의 나라로 불러가셨다. 이때 연세가 82살이었다. 큰 슬픔 중에도 나는 위로를 받았다. 내가 목회를 위해 호주로 떠나기 전에 하나님이 부르셨기 때문이다. 호주로 떠나고 난 후 바로 별세하셨다면 돌아와 장례에 참여하기 힘들었을 것이다. 나는 사랑하는 어머님의 장례를 치르고, 먼 나라로 갈 수 있었던 것에 감사했다. 이 또한 하나님의 크신 은혜였다.

14. 아마데일 자유개혁교회 목사

1978년 1월 17일 우리 가족은 부산역에서 친지들의 환송을 받고 서울로 옮겨 YMCA 호텔에서 지내며 출국 준비를 했다. 2월 9일에 홍콩 항공사 CPA 편으로 홍콩에 들러 며칠을 보내고 13일 늦은 밤 12시 반에 서부 호주 수도 퍼스 (Perth)에 도착했다. 당시만 해도 항공편이 자주 있지 않았기 때문에 자정이 넘은 한밤중에 도착하게 되었다. 우리 가족이 공항을 나오자 깊은 밤중인데도 200여 명의 남녀노소 교인이 모여 서서 '허 박사 가족 환영'(Welcome Dr. Hur family)이라는 현수막까지 만들어 가지고 와 외치며 환영해 주었다. 공항에 있는 다른 사람들은 무슨 대단한 사람이 오는 줄 알았을 것이다. 그들이 얼마나 한국에서 오는 새로운 목사 한 사람을 기다렸는지를 알 수 있었다.

우리는 서로 주 안에서 하나의 믿음을 가졌다는 것 외에는 서로 모든 것이 다른 형편이었다. 역사적인 배경도 문화도 피부 색깔도 다 다르다. 그런데도 한 가족처럼 환영하고 환영을 받는 것은 믿음을 통한 기적 외에 달리 설명할 수 없었다. 더욱이 1960년대까지만 해도 호주는 백호주의를 견지하는 나라로서 유색인종은 받아들이지 않았다. 이런 정책이 바뀐 것이 불과 10년 전이다. 우리는 정말 그리스도 안에서 '한 거룩한 보편 교회'에 살고 있음을 실감하게 되었다. 도착 후 며칠 동안 우리 가족은 브뤼닝 목사(Rev. K. Bruning) 집에서 함께 지냈다.

2월 18일 토요일 밤에는 신임 목사 가족 환영회가 교회당에서 있었다. 이때 자매교회들로부터 온 대표들의 환영사가 있었고, 교회 모든 기관이 특별히 마련한 음악 연주 등 여러 순서가 있어 큰 환영 잔치의 분위기가 이루어졌다. 교회 각 기관으로부터 사택을 장식할 수 있는 여러 선물도 받았다. 환영 순서 중에는 목사의 가족을 소개한 후 목사 부부가 앞에 서고 모든 교인이 가족 단위로 줄을 지어 앞을 지나며 악수하고 자기들을 소개하는 리셉션이 있었다.

목사 취임

환영 모임이 있었던 다음 날 19일 주일 예배 시간에 취임하였다. 개혁교회에서는 주중에 취임예식을 갖는 일이 없다. 청빙한 교회의 모든 성도가 모이게 되는 주일 오전 예배 때 취임 순서를 갖게 된다. 이것이 바른 일로 생각된다. 목사는 그 교회에 봉사하기 위해 청빙을 받았다. 따라서 그 교회의 모든 가족, 어른이나 어린이들이 다 함께 모일 수 있는 주일 예배가 가장 합당하기 때문이다. 이것이 교회 중심 생활이다. 이것은 축하와 잔치의 문화에 젖어 교인들이 다 모이지 못하는 평일에 취임식을 하는 우리나라 교회와 매우 다른 모습이다.

취임 순서는 간단하다. 주일 오전 예배 시간에 주례를 맡은 목사가 합당한 설교를 하고 취임하는 목사가 서약하는 것으로 끝나게 된다. 한국에서처럼 권면이나 축사 등의 순서는 없다. 목사나 교인들에게 권면이 필요하지 않다. 설교 이상 더 큰 권면이 없다. 사실 이런 순서는 한국교회에만 있다. 축사는 이미 지난 밤 환영회에서 다 한 것이다. 나의 취임을 위한 예배는 아마데일 교회를 이미 오래 섬겨오던 동역자 브뤼닝 목사가 인도했다. 그 날 오후에는 취임한 목사인 내가 예배를 인도하고 취임 설교를 하였다.

나의 취임 설교 본문은 마태복음 16:13~29이었고, 제목은 '주님 교회의 건설'로 세 대지로 나누어 설교했다.

첫째, 예수님께서 친히 교회의 건설자가 되심을 말했다. 예수님은 "내가 이 반석 위에 내 교회를 세우리라."라고 하셨기 때문이다.

둘째, 교회 건설의 기초는 바른 신앙고백임을 말했다. 주님은 베드로가 한 "주는 그리스도시오, 살아계신 하나님의 아들이라."라는 신앙고백의 터 위에 교회를 세우겠다고 하신 것이다.

셋째, 교회 건설의 방편은 하나님의 말씀이라고 했다. 주님은 바른 신앙을 고백하는 제자들에게 '하늘의 열쇠'를 주시겠다고 하셨다. 여기 열쇠는 먼저 하나님의 말씀을 가리키고 있다. 오순절에 베드로는 하나님의 말씀을 전함으로 삼천 명에게 하늘의 문을 열었다.

첫 당회

취임한 주일을 지난 후 바로 다음 날인 월요일 밤에 당회가 모였다. 1978년 교회의 연감을 보면 당시 전 교인의 수가

991명(장년 고백 교인 409명, 유아세례 교인 582명)이었고 장로 16명, 집사 4명이었다. 개혁교회에서는 일반적으로 두 종류의 당회가 있다. 하나는 목사, 장로, 집사들이 함께 모이는 넓은 범위의 당회이다. 이것은 장로교회의 제직회와 유사한 것으로 볼 수 있다. 이 당회에서는 교회의 일반적인 사건들을 다루게 된다. 다른 하나의 당회는 좁은 범위의 것으로 목사와 장로들만 모이는 당회이다. 여기서는 주로 교회의 영적 관리 문제를 다루게 된다. 목사와 장로들이 가정 심방 보고를 하게 되고 권징 문제를 다룬다.

내가 참석한 첫 당회는 목사, 장로, 집사가 다 모이는 넓은 범위의 당회였다. 당회가 개회되자 제일 먼저 한 일은 지난주일 취임한 목사가 교회의 공식문서인 서약서에 서명하는 일이었다. 개혁교회의 '일치 신조'(The Three Forms of Unity)와 '도르트 정치질서'를 따라 교회를 봉사하고, 여기 거스르는 일이 있을 때는 교회의 권징에 응하겠다는 내용에 서명하는 것이다. 물론 어제 취임예배 시간에 같은 서약을 했다. 이제 이것을 당회 앞에서 서명하는 것이다. 이 공식 서약이 담겨 있는 책에는 이 교회 시작부터 현재까지의 모든 목사, 장로, 집사들의 서명이 들어 있다.

이 첫 번째 당회에서는 두 가지 안건을 다루었다.

먼저, 목사의 당회 사회권에 관한 것이었다. 이제 한 교회에 두 목사가 동사하게 되었으니 당회 사회권의 교체를 얼마동안의 기간을 정해 할 것인가를 논의하게 되었다. 나는 바로 당회의 사회하는 것이 솔직히 두려웠다. 당회를 인도하려면 영어에 귀문이 환하게 열려 있어 당회원들이 하는 말을 빨리 바로 이해해야 하고, 교회의 사정도 잘 알아야하기 때문이다. 나는 현재로써는 자신이 없었다. 내가 도착하자 당회 서기는 교회의 사정을 아는 데 도움이 되도록 모든 당회록을 내게 가져와 시간이 있는 대로 읽어 보라고 주었다. 하지만 내게는 아직 많은 것이 생소할 뿐이었다. 그래서 나는 당회에 솔직하게 내게 적응할 수 있는 시간적 여유를 5개월 달라고 하고 그동안 브뤼닝 목사가 당회의 사회를 맡아 줄 것을 제의했다. 당회와 브뤼닝 목사는 나의 요청을 받아 주었다. 당회는 5개월 후부터 두 목사가 매월 교대로 사회하기로 결의했다. 당회는 매우 관대했다. 설교는 매주일마다 두 번 해야 하지만 언어와 환경에 익숙할 때까지 처음 3개월간은 매 주일 한 번만 설교하도록 배려해 주었다.

개혁교회에서는 동사목사 제도 외에 담임 목사, 부목사

제도가 없다. 개혁교회에서 직분의 동등권은 교회정치의 핵심이다. 이에 관해 교회질서는 "어느 교회도 어떤 방식으로든 다른 교회들 위에 군림하지 않아야 하며 어떤 직분도 다른 직분 위에 군림하지 않아야 한다."라고 밝히고 있다. (개혁교회 교회질서 제74조) 그러므로 개혁교회에는 담임목사, 부목사 제도가 존재하지 않으며 한 교회에 목사가 여러 분이 봉사할 때는 언제나 동사 목사가 된다.

한 교회에 봉사하면서 목사들이 서로 다른 직책을 맡는 것도 직분의 동등권을 해치는 일로 보게 된다. 그래서 설교, 교리문답 교육, 심방 모든 직책을 똑같이 공유하게 된다. 예를 들면 한 교회에 목사 두 분이 봉사하는데 목사 중 한 분이 주일 설교를 담당하고, 다른 분은 교리문답 교육을 맡게 되는 것 등은 목사직의 동등권을 해치는 것이 되는 것이다. 목회에서 설교가 가장 큰 비중을 차지하고 교인들에게 가장 큰 영향을 미친다. 그러므로 그런 분담은 목사의 동등권을 해치고 결국 교권을 조장하는 결과를 가져오는 것이다. 이 때문에 개혁교회에서는 그렇게 직책을 분담하는 일은 없다. 두 목사 이상이 한 교회에서 동사하게 될 때는 교구를 나누어 이 모든 일을 똑같이 담당하게 되는 것이다.

다음으로, 당회가 다룬 문제는 두 목사가 교구를 분담하는 일이었다. 내가 부임하기 전 당회는 이미 미래의 두 교회 분리를 계획하고 두 교구로 나누어 놓았다. 기존 교회가 있는 지역이 한 교구이고, 앞으로 세워질 새 교회의 지역이 다른 교구였다. 당회는 미래의 새 교회당과 그 옆에 초등학교를 건축할 목적을 가지고 기존 교회당에서 약 2km 떨어진 개발 지역에 상당히 넓은 땅을 사 두었다. 이 두 교구의 담당 목사를 확정해야 했다. 당회는 내게 선택의 우선권을 주었다. 나는 기존 교회당이 있는 교구를 지금까지 목회해 온 브뤼닝 목사가 계속 담당하는 것이 좋을 것이라는 나의 의

아마데일 자유개혁교회당

견을 밝혔다. 그가 사는 사택도 그 교회당에서 가깝기 때문이었다. 당회는 이를 좋게 여기고 나의 뜻을 수용해 주었다. 결과 나는 새 교회당을 지을 지역의 교구를 맡게 되었다. 이렇게 나의 아마데일 교회 목회 생활이 시작되었다.

15. 개혁교회 목회 생활

동역자 브뤼닝 목사(K. Bruning)

장로교회의 목사인 나에게 개혁교회의 목회라는 것이 결코 쉬운 일은 아니었다. 개혁교회에는 이미 언급한 것처럼 부교역자가 법적으로 존재하지 않는다. 따라서 목사는 당회와 의논해서 설교, 교리교육, 영적 관리 모든 일을 자신이 해 나가야 한다. 브뤼닝 목사는 13년 나의 연장자로 마음이 매우 넓고 생각이 깊으며 친절한 분이었다. 취임 후 나는 선배 목사인 브뤼닝 목사와 밀접한 관계를 맺고 모든 일에 서로 의견을 나누면서 개혁교회 목회생활을 익혀갔다. 나는 그로부터 직간접으로 무언중에 개혁교회 목회생활을 많이 배웠다.

나와 그의 관계는 정말 아름다운 동역자 관계였다. 두 교

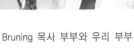
Bruning 목사 부부와 우리 부부

회로 나누어질 때까지 3년 동안 우리 두 사람은 한 교회 안에서 서로 다른 교구를 맡아 목회 관리를 하고 당회는 전체 당회, 교구 당회로 나누어 모였다. 같이 봉사하는 동안 우리 둘 사이에 긴장된 일은 전혀 없었다. 교회를 분리하여 나온 후에도 자주 만나 의논하고 서로 충돌해 본 적이 없었다. 교인 중에는 브뤼닝 목사에 대한 비판적인 시각을 가진 분이 몇 분 있었다. 20년 동안 함께 살아왔으니 있을 수 있는 일이었다. 나는 이런 분들에게 눈치라도 그에 대한 언급할 기회를 주지 않았다. 브뤼닝 목사와 나는 서로를 이해하고 모든 일을 의논하면서 교회를 섬겼다.

그는 내가 그곳에 목사로 있던 1986년 7월에 65세로 은퇴하였다. 그는 은퇴를 2년 앞두고 은퇴의 날을 매우 사모했다. 한국의 목사들이 은퇴를 바라보는 시각과는 매우 대조적이었다. 이런 생각은 다른 동역자 친구인 밴 론전(G. van Rongen) 목사의 경우에도 마찬가지였다. 그는 일찍이 네덜란드, 호주, 미국을 두루 다니며 목회하다 만년에 다시 네덜란드에 돌아가 목회를 했다. 그는 은퇴 시기가 가까워져 오자 가능한 일찍 은퇴하고 자기 자녀들이 사는 호주로 돌아오기를 바랐다. 이를 위해 휴가를 반납하고 계속 봉사하다 반년 일찍 은퇴하고 자기 아들이 교인으로 있는 내가 시무하는 교회 근처로 오게 되어 내가 호주를 떠가기까지 4년간 좋은 친구가 되어 주었다.

한국교회 대부분 목사는 은퇴하는 것을 부정적으로 생각하는 경향이 있는 것 같다. 그런데 구미 개혁교회의 목사들은 일반적으로 은퇴할 때를 사모한다. 물론 여기에는 여러 가지 이유가 있을 줄 안다. 교회에는 은퇴연금이 마련되어 있기 때문에 은퇴 후에 생활이 보장되어 있어 생활의 염려가 없는 이유도 있다. 하지만 이것이 가장 중요한 이유는 아니다. 일반적으로 구미의 사람들은 사고가 매우 실제적인데 있다. 보통 65세에 은퇴하는데 은퇴 후의 삶을 10년 내지 15년으로 본다. 모든 사람이 평생을 분주하게 보내지만, 특별히 목사는 일생 목회생활을 하면서 정신적, 육체적으로 고된 삶을 살아왔다. 그래서 목사들은 일반적으로 본향, 천국으로의 부름을 받기 전에 정신적으로나 육체적으로 여유를 가지고 쉬면서 조용한 시간을 갖기 원한다. 그리고 분주한 생활 속에서 쓰지 못한 글도 쓰면서 삶을 정리하기 원한다.

나는 브뤼닝 목사가 1986년 은퇴 후 은퇴 생활을 매우 즐기는 것을 보았다. 그곳 교회들이 격주로 발간하는 'Una Sancta'라는 잡지에 자주 글을 올리고, 해변에 낚시도 하고, 가끔 부탁을 받아 설교도 하고 자유로운 교회생활을 했다. 네덜란드에서 목회하다 은퇴하고 돌아온 밴 론전 목사도 내가 목회하는 교회에 나오면서 일반교인들과 같이 장년 성경공부반(Men's Club)에도 참석했다. 여기에서 성숙한 교회 생활의 모습을 보게 된다. 나는 그를 전혀 부담으로 생각하지 않았다. 좋은 벗으로 친교를 가졌다. 우리 당회는 가끔 그에게 설교를 부탁하기도 했다. 두 분 다 조용히 은퇴 생활을 즐기다 본향, 하늘나라에 부름을 받아 갔다. 1993년에 브뤼닝 목사가, 2006년에 밴 론전 목사가 부름을 받았다는 부음을 받았다. 하지만 두 사모는 아직 그곳 개혁교회 성도들의 은퇴자 마을인 '페어 헤이븐'(Fair Haven, 미항)에서 잘 지내고 있다는 소식을 듣는다.

내가 목사로 취임한 후 교회를 두 교구로 완전히 나누었지만, 처음 3개월은 종전대로 두 교구가 함께 모이기로 하고 3개월 후에 따로 모이기로 했다. 장소가 협소하여 보조 의자를 들여 놓았다. 장소가 협소하지만, 당회가 3개월간 함께 예배를 드리기로 한 것은 매 주일 설교를 한번 하게끔 나를 배려한 것이었다. 주일마다 브뤼닝 목사와 번갈아 본문 설교와 하이델베르크 교리문답 설교를 하였다. 3개월 후에는 두 교구가 나뉘어 오전 (9시, 11시), 오후 (3시, 5시)에 예배를 드리되, 양 교구가 예배 시간을 매월 바꾸어 오전 9시에 드리던 교구는 한 달 후에는 오전 11시에 드렸다. 오후에도 그렇게 바꾸었다. 이제는 두 목사가 똑같이 매 주일 설교를 두 번 하게 되었다. 여전히 브뤼닝 목사와 나는 본문 설교와 하이델베르크 교리문답 설교를 번갈아가며 함으로 두 교구 교인들이 두 목사의 설교를 골고루 다 들을 수 있었다. 예를 들면 오전에 본문설교를 하는 목사는 두 교구를 위해 연달아 9시, 11시에 같은 설교를 하게 되고, 오후에는 다른 목사가 하이델베르크 교리문답 설교를 3시, 5시에 연달아 하였다.

개혁교회 목사의 주된 사명은 첫째가 설교, 둘째가 청소년 교리문답 교육, 셋째가 심방과 영적 관리이다. 어느 교회에서든 목사에게 가장 중요한 의무는 설교일 것이다. 그런데 개혁교회는 이 점을 어느 교회보다 강조한다. 설교는 '오직 성경'(Sola Scriptura)이란 원리가 철저히 적용된다. 설교에서는 성경만 전해야 한다. 청빙서에서도 "우리는 목사님이 오직 하나님의 말씀만 전해 주기를 기대한다."라는 요구를 밝혔다. 그러므로 본문과 오늘의 현실에 적용을 위한 노력은 하지만 장황한 예화나 이야기 같은 것은 개혁교회 목사들의 설교에서 들을 수 없다. 이런 것들은 하나님의 말씀인 구원 진리의 계시와는 아무 상관이 없고 하나님 말씀의 가치를 흐리게 하기 때문이다.

개혁교회 목사는 설교를 위해 성경 본문을 성경 전체의 맥락 속에서 바로 이해하기 위해 본문의 내용을 깊이 파고든다. 신구약은 하나의 하나님의 언약이다. 언약을 옛 언약과 새 언약으로 구분하지만 본질은 예수 그리스도를 믿음으로 구원을 얻게 된다는 언약인 하나의 은혜 언약이 있을 뿐이다. 따라서 설교는 언제나 언약적인 성격을 갖기 마련이다. 이는 또한 바로 구속사와도 관련된다. 설교를 작성하는 것은 쉬운 일이 아니다. 목사는 매주 성경으로부터 본문을 자유롭게 선택하여 하는 설교와 하이델베르크 교리문답을 따라 하는 두 설교를 작성해야 한다. 하지만 교회가 완전히 분리되기 까지는 매주 하나의 설교를 작성하게 되었으므로 부담을 상당히 덜 수 있었다.

교리문답 설교

개혁교회에서는 원칙적으로 주일마다 한 번은 교리문답 설교를 하게 되어 있다. 교리문답 설교는 일반적으로 둘째 예배인 오후 예배 때 하게 된다. 교리문답 설교는 강좌가 아닌 명실공히 설교가 되어야 한다. 교리를 현실과 연관하여 쉽고 분명하게 전해야 한다. 목사에게 교리문답 설교는 쉽지 않다. 적어도 1년 반이면 모든 교리문답을 설교하게 되고 같은 교리문답을 처음부터 다시 설교하게 된다. 이렇게 교리문답 설교를 반복하기 위해서는 목사에게 끊임없는 연구가 필요하다. 교리문답은 사도신경, 십계명, 주의 기도가 핵심이다. 이 교리문답에 담겨 있는 각종 교리에 대한 새로운 지식을 얻기 위해 새로운 자료, 새로운 책을 부절히 구해 보게 된다. 이 때문에 개혁교회 목사는 교리에 밝은 신학자가 된다. 교인들은 청소년 때 이를 배우고, 교회에서 매 주일 설교를 들음으로 개혁교회의 교리에 거의 정통한 교인이 된다. 목사는 성경 본문으로부터 뿐 아니라 교리문답으로부터 매주 설교함으로 비교적 하나님의 뜻을 다 전하게 된다. 사도 바울은 에베소 장로들에게 "내가 꺼리지 않고 하나님의 뜻을 다 여러분에게 전하였음이라."라고 했다.(행 20:27) 이로 말미암아 개혁교회에는 영적인 편식이 없다고 말할 수 있다. 이 교리문답 설교가 개혁교회 신자들을 진정한 개혁교회 신자들이 되게 한다. 결과 개혁교회 대부분 신자는 세계 어디에 가도 잘못된 가르침에 동요를 받지 않고 개혁교회 신자로 자기 자리를 지키게 된다.

개혁교회에 봉사하면서 장로교회 생활에 젖어왔던 나는 설교의 내용과 형태를 근본적으로 바꾸어야만 했다. 장로교회에서 습관화된 설교의 양태에서 벗어나야 했다. 네덜란드에 6년 동안 있으면서 매주일 설교를 들었지만, 한국 교회 문화에 젖은 나 자신의 설교의 체제를 바꾸는 것은 쉬운 일은 아니었다. 개혁교회의 설교는 제목 설교도, 단순한 강해 설교도 아니다. 개혁교회의 설교는 본문을 주해하되 성경 전체를 통한 계시사적 연관 속에서 그 의미를 찾고 본문의 핵심을 파악하여 현실에 접근하고 적용하는 것이다.

개혁교회 대부분 목사는 매주 두 설교를 만들기 위해서는 주중 3일 이상을 보내는 것으로 알고 있다. 나에게는 그 이상이 필요했다. 어떤 때는 밤 1시, 2시까지 시간을 보내어야만 했다. 설교를 다 작성했다가 다시 새로 고쳐 쓰는 경우도 많았다. 하나님은 설교와 씨름하는 부족한 나에게 은혜를 주셨다. 나의 영어가 서툴고 정말 한국적인 영어발음으로 설교했지만, 교인들은 나의 설교를 잘 들어 주었고 좋게 평가해 주었다. 예배 후에 종종 귀한 메시지를 받아 감사하다는 말을 들었을 때 나는 중심으로 하나님께 감사했다.

설교 토론

개혁교회에서는 주기적으로 당회에서 설교에 대한 토론 시간을 갖게 되어 있다. 내가 시무한 교회 당회는 매년 네 번씩 설교 토론 시간이 있었다. 당회가 모이기 전에 서기는 항상 목사와 협의하여 의사일정(Agenda)을 만들어 미리 배부한다. 설교 토론이 의사일정에 포함되어 있으면 일반적으로 목사들은 약간 긴장감을 느끼게 된다. 이것은 모든 동역자 목사에게 들은 이야기다. 하지만 목사들은 이에 대해 거부감 같은 것은 절대로 갖지 않는다. 모두가 자기 최선을 다해 성경 본문을 연구하고 책임 있게 설교했기 때문이다. 설교 토론 시간에 간혹 어떤 설교내용에 대한 해명을 요구하는 일이 있고, 장로들의 심방 결과에 따라 특별한 요구를 하는 때도 있다. 대부분의 경우 장로, 집사들이 목사의 설교에 감사를 표하고, 심방 때에 교인들에게서 들은 설교에 대한 감사의 뜻도 전하게 된다. 이때 목사는 더욱 격려를 받게 된다.

일반적으로 개혁교회 신자들은 설교를 듣는데 매우 진지하고 특별히 교리 문제에 매우 민감하다. 그래서 교인들 가운데 혹 설교에서 이해되지 않거나 의문을 갖게 될 때 자연스럽게 목사에게 들려 묻는 때가 있고, 편지로 물어보는 때도 있다. 이때 목사는 이들을 친절하게 받아들이고 해명하거나 설명해 준다. 장로들도 설교에 이해되지 않는 점이 있을 때 당회 토론시간보다는 개인적인 접촉을 할 때가 있다.

내가 어느 주일에 누가복음 13장에 있는 예수님께서 주신 열매 맺지 않은 무화과나무의 비유를 본문으로 '열매를 기대하시는 하나님'이라는 제목으로 설교했다. 이 본문은 언약의 백성이면서 믿음의 열매를 맺지 않고 사는 그 시대의 유대인들을 예수님께서 책망하시고 경고하신 말씀이다.

비유 말씀 가운데서 삼 년이 되어도 무화과나무가 열매를 맺지 않았음을 주인이 보았을 때 포도원지기에게 "찍어버리라. 어찌 땅만 버리게 하겠느냐."라고 말씀하셨다. 나는 이 말씀을 해석하고 전하면서 언약의 백성이 열매 없는 생활을 계속할 때 하나님으로부터 버림을 당할 수도 있다는 경고를 했다. 그 주일 후 한 장로로부터 문의 편지를 받았다. 그는 당시 서부 호주 텔레콤의 수장으로 상당한 지성인 장로였다. 그의 질문은 '언약 백성이 어떻게 하나님으로부터 버림을 당할 수 있느냐?'라는 것이었다. 그는 순간적으로 언약을 선택과 동일한 것으로 오해하고 있었다. 그래서 나는 선택과 언약을 구별해야 한다는 사실을 간단하게 설명하고, 아브라함의 자손이 언약의 백성이지만 그들이 다 선택을 받은 것은 아니었다고 했다. 이 편지를 보낸 후 아무 소식이 없는 것을 보고 그가 언약과 선택의 교리의 내용은 서로 다르다는 것을 깨닫게 된 것으로 이해했다. 이런 설교 내용에 대한 문의를 받은 일이 10년 동안의 목회생활 가운데 한두 번 있었던 것으로 기억된다. 개혁교회 신자들은 설교 내용을 가지고 자기들끼리 논란하거나 비판하는 일이 없다. 설교를 하나님의 말씀으로 받고 매우 신중하게 접근하기 때문이다. 의문이 있을 때는 반드시 설교자 목사를 찾아서 의문을 푼다.

하나님은 그곳 10년간의 목회생활에서 나의 설교 사역을 축복해 주셨다. 어떤 분들은 나의 설교가 그 곳 개혁교회에 각성 분위기를 가져왔다고도 했다. 이것은 오직 하나님께만 감사와 영광을 돌려 드려야 할 그의 은혜였다.

교리문답 교육

목사로 취임한 지 1개월 후에 나의 교구에 속한 청소년들에게 하이델베르크 교리문답 교육을 시작했다. 교회의 어린이들이 11세까지는 학교에서 필수 과목으로 성경과 교회사를 배운다. 이 어린이들이 12세부터는 교회에 와서 목사가 가르치는 교리 교육반에 참석한다. 나는 12세~14세의 아이들을 남녀 두 반, 15세 이상을 남녀 두 반, 그 외에 신앙고백 준비반을 한 반 이렇게 다섯 반으로 나누어 가르쳤다. 각 반의 학생 수는 15~20명이었다. 월요일 밤에는 늘 당회가 모였다. 화, 수요일 밤에 각각 두 시간씩 가르치고 금요일 밤에 신앙고백 준비반을 가르쳤다. 매주 다섯 시간을 교리 교육에 바친 셈이다.

교리문답반에서 청소년을 가르친다는 것은 얼마 동안 내게 쉬운 일이 아니었다. 설교는 준비한 원고를 몇 번이나 점검하고 읽고 익힌 후 하는 것이니 오히려 쉬웠다. 교리문답 교육은 학생들과 대화를 나누면서 가르쳐야 한다. 얼마 동안 학생들이 입안에서 빨리하는 영어를 알아듣기 어려웠다. 청소년들과의 대화가 자유롭게 되기까지는 상당한 시간이 소요되었다. 차츰 시간이 지나면서 이 어려움도 극복할 수 있게 되었다.

청소년은 어느 곳이나 마찬가지이다. 어떤 아이들은 교리문답 공부시간에 장난을 참지 못한다. 어떤 때는 장난으로 공부반 분위기를 흐리게 만들기도 한다. 이것이 너무 심할 때는 주동 되는 아이를 밖으로 내어 보내게 된다. 그러면 밖에 나가서도 유리창을 흔든다든지 하며 장난을 계속하기도 한다. 그런 아이들이 반마다 언제나 한두 명이 있었다. 그러나 이들도 나이가 들고 자라면 달라진다. 내가 한국에 돌아와 신대원을 봉사하고 은퇴한 후 호주에 돌아가 옛날 섬기던 교회를 방문했을 때, 반에서 제일 장난이 심해 자주 밖으로 쫓겨났던 아이가 어엿한 가정을 이루고 회계사가 되어 일하면서 교회의 관리위원으로 봉사하고 있었다.

그는 나를 만나 무척 반가워했다. 감사한 것은 내게 교리문답을 배운 학생들 가운데 적어도 셋이 뒤에 목사가 되어 캐나다와 호주에서 목회하고 있다는 사실이다.(R. Eikelboom, R. Pot, C. Janssen) 이 중 한 사람은 네덜란드에 가서 계속 연구하여 신학박사 학위도 받았다.

개혁교회에서는 당회가 교회의 언약의 자녀들에게 교리문답 교육의 기회를 제공하고, 부모는 여기에 꼭 참석하도록 협력할 의무를 진다. 이것은 부모로서 유아세례 시에 서약한 의무에 속한다. 그래서 아이들이 감기나 혹은 특별한 이유로 참석할 수 없는 경우 외에는 부모가 책임지고 참석하도록 지도한다. 참석할 수 없는 불가피한 경우에 부모는 꼭 목사에게 전화로 그 사정을 알려 준다. 교리문답 교육은 당회의 감독영역에 속한다. 그러기 때문에 당회는 회원을 주기적으로 교리문답 교육반에 보내어서 참관하게 하고 참관한 당회원은 그 결과를 당회에 보고한다.

심방

개혁교회에는 한국교회가 하는 대심방 같은 것은 없다. 정규 심방은 교회를 감독하는 장로와 목사의 몫이다. 당회는 심방을 위해 구역을 나누고 장로 두 사람씩 조를 만들어 심방 팀을 구성한다. 이는 매우 성경적이다. 예수님도 70인 전도인을 파송할 때 두 사람씩 팀을 지어 보냈다. 두 사람이 같이 할 때 서로 협력하고, 서로 감독하게 되는 유익이 있다. 두 사람이 증거할 때 힘이 있고, 두 사람이 증인이 될 때 법적 효력이 있다. 각 심방 팀은 매년 적어도 한 번씩 자기 구역 가정들을 공식적으로 심방하고 그 결과를 당회에 보고한다. 이로써 당회는 모든 가정의 사정을 다 들어 알게 된다. 목사는 필요할 때 장로들의 정규 심방에 동행 요청을 받는 일이 있으나 주로 노약자, 홀로 사는 형제자매들, 병자, 장애인 등을 위한 특별 심방을 한다. 목사는 스스로 계획을 세워 이런 특수 심방을 하게 되고 그 결과를 다른 장로들과 꼭 같이 당회에 보고한다. 나는 종종 자유롭게 교인 가정에 잠시 들려 대화를 나누고 커피를 마시고 오기도 했다. 이것도 일종의 심방이다.

한국에서 가정 심방은 일반적으로 목사가 교인 가정을 찾아가 복을 빌고 복을 받는 기회로 여긴다. 기복적인 성향이 강하다. 개혁교회에서는 이런 기복적 심방개념이 없다. 특별히 장로들이 짝을 지어 규칙적으로 하는 심방은 교회에서 선포되는 설교의 연장선에서 하는 영적 양육의 봉사요, 목자적 보살핌으로 이해되고 있다. 장로들은 심방에서 교인들의 생활에 나타나는 설교의 열매를 살피고 영적으로 지도하고 돌보는 일을 하게 된다.

내가 목회한 교회에서는 매주 월요일 밤에 당회를 모였는데 두 번의 당회는 심방 보고의 당회로 모였다. 이때 각 심방 팀은 각기 심방 결과를 보고하고 목사도 자기가 행한 심방 보고를 하게 된다. 결과 전 당회원이 심방 보고를 통해 자기 구역에 속하지 않은 모든 교인의 형편도 잘 알게 되고, 이때 목사는 특별 심방이 필요한 가정을 발견하여 심방을 하게 된다. 이렇게 함으로 당회는 "하나님이 자기 피로 사신 교회 보살피게" 된다.(행 20:28)

16. 켈름스콧(Kelmscott) 자유개혁교회 목사

나는 원래 아마데일 개혁교회의 동사 목사로 청빙을 받아
브뤼닝 목사와 3년을 함께 봉사했다. 한 교회 안에 있는 두

Kelmscott 교회당 정초를 위한 모임(1980.12.20)

교구가 같은 교회당을 사용하면서 지내 왔다. 이제 두 교구가 각기 독립된 교회로 분리할 시기가 이르렀다. 1980년에 교인 수는 1,062명이 되었다. 분리되어 나갈 새 교회의 건축이 시작되고 1980년 12월 20일 정초식을 하고 교회 담임 목사인 내가 머릿돌을 놓았다. 머릿돌에는 이렇게 새겨져 있다.

THY WORD IS TRUTH
    JOHN 17:17
THIS STONE WAS LAID BY
REV. S. G. HUR B. A. TH. D.
20th DECEMBER 1980.

머릿돌 동판

아버지의 말씀은 진리니이다.(요 17:17)
이 머릿돌은 1980년 12월 20일에
Th. D. 허순길 목사에 의해 놓였다.

건축이 끝나게 되어 1981년 8월 1일 토요일 오후에 완공 축하 모임이 있었다. 교회당은 500석 규모로 매우 단순한 단층 건물이었고, 몇 개의 크고 작은 교육실, 당회실, 주방과 커피 홀이 있었으며, 교회 후면에 약 150대의 차를 주차할 수 있는 주차장도 만들었다. 완공축하 모임에는 건축위원장이 사회했다. 먼저 건축위원장이 담임 목사에게 완공된 교

회당의 열쇠는 건네주는 순
서가 있었고, 다음으로   담
임 목사의 메시지가 있었으
며, 공식 손님들의(아마데
일 시장, 자매교회 대표들)
인사, 청소년, 남녀 장년 클
럽들의 교회에 필요한 장비
들의 헌물, 칼빈 초, 중고등
학교 학생들의 찬양, 연주
등 다양한 순서로 진행되었

교회당 열쇠를 건네 주는 건축위원장

교회당 신축 완성 축하 모임(1981. 8. 1)

완공된 Kelmscott 교회당

다. 분립 당시 교인 수는 기존 아마데일 교회가 547명, 켈름스콧 교회가 515명이었다.

이렇게 교회를 분립하게 된 것은 네덜란드 개혁교회의 일반적인 추세를 따른 것이었다. 네덜란드 큰 도시에 있는 일반 교회들은 전통적으로 대교회였다. 일찍이 예루살렘에 삼천 명 이상 모이는 한 교회가 있었던 것처럼 네덜란드 교회도 대부분 한 도시에 하나의 교회의 당회 감독 아래 여러 교구가 있었고 여러 예배당이 있었다. 상당수 도시 교회들은 삼천 명 이상의 교인으로 두세 곳 교회당을 가지고 4, 5명의 목사가 함께 봉사했다.

그러나 차츰 독립적인 한 교회에 한 목자가 더욱 이상적이라고 생각하게 되어 차츰 소교회로 분립하는 교회들이 생겨났다. 소교회에서는 목사가 양을 알고 양도 목자를 알 수 있게 될 뿐 아니라, 더욱 효과적인 성도의 교제도 할 수 있는 유익이 있기 때문이다. 성찬은 주님과의 교제일 뿐 아니라 같은 식탁에 앉은 믿는 형제자매들 간의 교제이기도 하다. 하지만 교인들의 수가 너무 많으면 성찬상에 같이 앉아도 서로를 잘 알지 못함으로 참된 영적 교제가 이루어질 수 없게 된다. 그래서 한 목자에게 최고 사오백 명의 양무리가 이상적이라고 생각하게 되었다. 개혁교회에서는 대부분 교회가 성찬 때 성찬 상을 앞에 두고 거기 오륙십 명씩 나와 둘러앉아 서로 보면서 성찬을 받게 된다.

교회의 분립은 지난날 아마데일 교회에서 교구제로 지내다 독립하게 되었으니 아주 큰 변화는 아니었다. 내가 감사하는 것은 3년 동안 선배 동역자와 함께 일하면서 개혁교회 목회생활을 잘 익힌 후 분립하게 된 것이었다. 처음에 동역자가 없는 교회를 바로 맡았다면 개혁교회 목회 경험이 없는 나로서는 적응하기에 상당한 어려움을 겪어야 했을 것이다. 하나님은 이 모든 것이 합력하여 내게 큰 유익이 되게 해주셨다. 주께서 은혜로 나의 길을 이끌어 주신 것이다.

켈름스콧 교회 당회는 교구를 여섯 교구로 나누었다. 교구마다 두 장로가 배정되었다. 집사 네 분이 두 조로 나누어 세 교구씩 돌보아 자비사역에 봉사했다. 첫 주와 셋째 주 월요일 저녁에는 장로들만 모이는 협의의 당회로 모여 주로 심방 보고를 받아 다루고, 둘째 주와 넷째 주 월요일 저녁은 장로들과 집사들이 함께 모이는 광의의 당회로 모여 교회의 일반적인 일을 다루었다. 당회원들은 병고나 출타 외에 당회에 결석하는 일이 없다. 특별한 일이 있어 참석하지 못할 때는 반드시 당회 서기나 목사에게 알려 양해를 구한다.

교회가 나뉘어 독립된 후 교회는 빠르게 성장하게 되었다. 밖에서 들어오는 새로운 신자는 많지 않았다. 새 교회가 정착한 지역이 새로운 주택이 많이 들어서는 개발지역이기 때문에 주거를 옮겨 오는 성도들이 상당히 있었고, 당시 인종 차별 문제로 불안한 남아프리카 공화국에 있는 자유개혁교회와 네덜란드에서 새로 오는 이민들도 보탬이 되었다. 개혁교회 가정들에서는 산아제한을 하는 일이 없으므로 새로 태어나는 자녀들이 교회 성장의 제일 큰 요인이었다. 교인 500여 명이 모이는 개혁교회이면 적어도 두 주마다 한 어린이가 태어나고 유아세례가 있게 된다. 어린이가 태어나면 일반적으로 적어도 한두 주 안에 부모가 함께 교회에 나와 유아세례를 받게 되는 것이 개혁교회의 생활 관례이다. 구약시대에는 신약시대의 세례와 같은 언약의 표징인 할례를 태어난 지 팔일 만에 받았다.(창 17:7~14) 1984년에 교인 수가 이미 600명을 넘어서게 되어 당회는 다시 교회 분립을 계획하게 되었다. 이 계획이 내가 떠난 다음 해인 1988년에 실행되어 약 350명이 마운트 나수라(Mt. Nsaura)라는 이름의 교회로 분립하여 나가게 되었다.

호주 자유개혁 교회는 지금도 500명이상이 되면 분리 준

호주 서부 노회

비를 하고 2, 3년 후에 자연스럽게 교회를 나누어 확장한다. 내가 1978년에 청빙 받아 봉사한 아마데일 교회가 모교회가 되어 계속 분리 성장함으로 35년 후인 오늘에는 13교회가 되었음을 교회연감에서 발견한다.

Mrs and Rev. K. Bruning, Mrs and Rev. W. W. J. Van Oene, Mrs and Dr. S. G. Hur, Mrs and Rev. G. van Rongen, Mrs and Rev. D. Van Houdt (1985)

17. 개혁교회에서 겪은 특별한 일들

개혁교회를 목회하면서 겪은 크고 작은 몇 가지 특별한 일들을 기억되는 대로 적어본다. 거기엔 기쁜 일도 있었고 힘든 일도 있었다.

환영하지 않았던 분들의 환영

아마데일 교회가 나를 청빙하기 위해 공동의회로 모였을 때 반대한 몇 분이 있었고, 이분들이 반대의사를 분명히 밝힌 편지를 내게 보내 주어 받은 일이 있었던 사실을 앞서 말했다. 물론 나는 이들에게 답장을 보낼 필요도 없고 답장하지도 않았다. 저들도 교회와 자기들의 영적 유익을 위해서 생각한 일이었다. 청빙을 수락하고 호주로 옮겨 목사 취임을 한 후 이분들에 대해 특별한 감정을 가지지 않았다. 이분들은 모두 이민 1세대들로서 60세가 넘어선 분들이었다. 이상하게도 이분들이 모두 나의 교구에 속해 있었다.

　나는 지난 일을 생각하지 않고 목사로서 내가 할 일만 했다. 정규 가정 심방은 장로들이 하나, 특별히 노경에 있는 분들, 혼자 사는 분들, 병을 앓는 분들은 목사가 심방하게 되어 있다. 나는 저들을 다른 분들과 꼭 같이 규칙적으로 심방을 했다. 개혁교회의 심방은 찬송을 부르고, 성경을 읽고, 축복기도하고 나오는 것이 아니다. 전화로 약속하고 자연스럽게 들려 대화를 나누고 사정을 살핀 후 합당한 성경 한 부분을 읽은 다음 잠시 함께 기도하고 나오는 것이다. 말하자면 교인들의 사정을 살피고 성도의 교제를 나누는 것이다.

　특별히 나의 청빙을 반대했던 분들이 나와 아내가 방문할 때마다 지난 때를 다 잊은 듯 늘 반갑게 맞아주었다. 매우 자연스러운 성도의 교제였다. 이삼 년 후에는 나를 환영하지 않았던 이분들이 나를 다른 분들보다 더 가까이하고 환영하는 분들이 되었다. 주께서 내리신 큰 은혜였다. 내게 편지를 보냈던 세 분 중의 두 분은 나의 목회 중에 별세하게 되어 내가 장례의식을 주관했다. 여기서 나는 목자와 양의 관계를 한 번 더 깊이 생각하게 되었다. 목자는 언제나 목자이어야 한다. 양이 어떤 이유로 불평하고 목자에 대해 부정적인 태도를 보일 수 있다. 이럴 때 목자가 목자로서의 자기 사명을 잊고 그를 멀리하거나 대립하는 태도를 결코 보여서는 안 된다. 목자는 그에 대하여 항상 목자로서의 사랑과 관심을 기울여야 한다. 그럴 때 조만간 목자와 양의 관계는 정상화되고 잘 유지된다.

언약신앙과 위로

우리 가족이 호주에 도착하기 바로 전 주간에 한 가정이 자동차 사고로 초등학교에 다니던 딸을 잃은 일이 있었다. 나의 교구 안에 사는 가정이었다. 나는 취임 후 130여 가정을 한 주간에 10여 가정씩 잠시 방문하여 주소를 알고 친면을 갖기로 했다. 제일 먼저 딸을 잃은 젊은 부부의 가정을 방문하여 위로하기로 하고 찾아갔다. 거실에 들어서 앉으니 맞은편 벽에 예쁜 여아의 사진이 걸려 있었다. 그 어머니는 내게 "저 아이가 목사님 오시기 전 주간에 자동차 사고로 주님의 나라에 간 딸입니다. 그는 우리보다 먼저 하늘나라에 갔습니다."라고 하였다. 그 부모에게는 슬픔 중에도 그 딸이 주님의 나라에 갔다는 확신으로 큰 위로 가운데 지내고 있었다. 한국에서는 부모가 신자일지라도 자녀를 잃게 될 때, 그 흔적을 없애려고 사진들을 정리하는 것이 일반적인 정서이다. 그러나 개혁교회 신자들은 그렇지 않았다. 세상을 떠나도 신앙 안에서 영원한 가족으로 여기며 위로를 받고 사는 것이다.

그들이 받는 이런 위로는 개혁교회가 성경적 진리로 믿는 언약의 신앙에서 오는 것이었다. 도르트 신경 첫째 교리의 제17항의 '유아기에 죽은 신자의 자녀'라는 항목에 이렇게 기록되어 있다. "하나님의 말씀은 신자의 자녀가 본성에 의해서가 아니라 그의 부모와 함께 포함된 은혜언약으로 말미암아 거룩하다고 선언한다. 그러므로 하나님을 경외하는 부모들은 하나님께서 유아기에 이생에서 불러 가신 자녀의 선택과 구원을 의심하지 않아야 한다." 어린 딸을 일찍 잃고도 부모가 위로를 받게 되는 것은 이런 언약의 신앙에서 온 것이다. 개혁교회가 가진 언약의 믿음이 얼마나 귀중한 것임을 보여 주었다.

권징 때문에 위협받은 일

개혁교회는 권징문제에 있어서 철저한 셈이다. 벨직신앙고백 제29항에 따르면 참 교회의 표지 가운데 셋째가 성실한 권징의 시행이다. 개혁교회 10년 동안 목회 생활 중에 가벼운 권징 건은 몇 번이 있었으나 출교까지 가게 된 권징 건은 단 한 번뿐이었다. 부인과 네 자녀를 둔 40대의 한 가장이 시험에 들어 다른 여인과 관계를 맺음으로 가정과 거리를 두고 있었다. 당회와 그의 친구들은 그를 방문하고 회개를 촉구했다. 물론 목사는 그를 개인적으로 여러 번 만나 회개하고 가정에 돌아올 것을 호소했다. 그러나 그는 사탄의 세력에 사로잡혀 상당히 오랫동안 헤어 나오지를 못했다.

개혁교회에서는 교인들의 권징이 회중의 암묵적 동의 없이 진행되는 일이 없다. 주께서 명하신 질서대로 당회가 교회 회중의 협력을 얻어 질서 있게 시행하게 된다.(마 18:15~18) 이것이 장로교회의 권징방법과 다르다. 당회는 권징의 질서에 따라 회중에게 첫 번째 이름을 밝히지 않고 범죄한 형제를 위해 기도할 것을 알린다. 두 번째는 회중에게 이름을 밝히고 십계명으로부터 죄목을 밝히면서 그의 회개를 위해 기도하고 권면할 것을 공적으로 요청한다. 상당한 시일이 지나도 회개의 징후를 보이지 않을 때 당회는 세 번째 출교의 날짜를 명시하여 발표하고, 그에게 출교 날짜를 알린다.

당회는 이 죄 가운데 사는 형제를 위해 이런 과정을 밟아 그의 출교 날짜를 정해 통보하고 교회 회중에게 공포했다. 출교 날짜를 통보받은 그는 바로 그의 아내를 찾아와서 목사에 대해 위협했다. 허 목사가 차로 고속도로에 나오면 자기 차로 정면충돌하겠다고 하고, 총으로 쏘아 죽여 버릴 것이라고도 했다. 실제 그는 집에 사냥하는 총을 가지고 있었다. 그의 아내는 사고 낼 것을 두려워하여 그 총을 급히 찾아 경찰서에 갔다 맡기고, 나를 찾아와 고속도로에 나가는 일을 조심하라고 경고했다. 나는 이 말을 듣고 사탄의 최후 발악인 것으로 여기고 그가 돌아올 징조를 보인 것이라 여겼다. 그가 출교를 그렇게 심각하게 반응하는 것이 오히려 소망 있는 징조로 느껴진 것이었다. 그는 정한 날짜에 출교되었다.

　출교 선언을 한 후 두어 주간 지나서였다. 갑자기 그에게서 전화가 왔다. 순간 위협을 위한 전화인가 생각했다. 그러나 그는 떠는 목소리로 나를 방문하기를 원한다고 했다. 속히 오라고 했다. 그가 사택을 찾아왔다. 거실에 들어와 앉자마자 그는 큰 소리로 울며 회개했다. 나는 그를 위로하고 모든 과거를 정리하고 가정으로 돌아가라고 권고하면서 기도하고 보냈다. 당회에 이를 알렸다. 당회는 담당 구역 장로들이 심방하여 그의 진정성 있는 회개를 확인하였다. 이때 나는 출교가 치유의 최후의 강력한 수단임을 경험적으로 깨달았다. 죽은 아들이 돌아온 것과 같은 기쁨을 느꼈다.

당회는 교회의 질서를 따라 재영입하는 주일을 정했다. 그 주일 그와 그의 아내와 자녀들이 교회당 제일 앞자리에 자리를 잡고 앉았다. 그는 교회 회중 앞에서 "제 죄의 완악함에 대하여 진심으로 슬퍼한다."라고 하는 것을 밝히고 "이제부터 하나님의 말씀에 따라 온전히 경건하게 살 것을 약속"함으로 교회에 다시 받아들여졌다. 이날은 탕자가 아버지 집에 돌아온 날이요, 죽었던 자가 다시 살아 돌아온 날이기도 했다. 예배를 마친 후 어린이들을 포함한 모든 성도가 줄지어 그에게 악수하며 환영함으로 잃었던 형제를 다시 얻은 기쁨을 누렸다.

한 장로로부터 받은 설교에 대한 비판

10년 동안의 목회 생활 중 한 장로가 나의 설교에서 부족한 점을 언급한 일이 한번 있었다. 그는 요한 칼빈 고등학교 교사로 각종 책을 상당히 많이 읽고, 교회 잡지에 가끔 글을 쓰기도 하는 분이었다. 그런데 그는 자기가 아는 것을 과신하는 특수한 성격을 가진 분으로 잘 알려졌다. 노회(Classis)는 매년 경험 있는 목사 두 분을 지명하여 교회를 방문하도록 하는 교회규정이 있다. 장로교회에서도 옛날에는 시찰원들이 공식적으로 교회를 방문하여 교회를 살폈다. 이때에 사용하는 공식적인 질문지도 있었다. 그러나 어느 때인가 이런 것이 다 사라지고 노회가 위임한 일들을 임시로 다루는 기구로 변해버렸다. 이런 변화는 교회들이 연대의식을 잃고 점점 독립교회적 생활로 옮겨가고 있음을 보여주는 것이다.

개혁교회의 방문자들은 교회를 공식적으로 방문하여 당회에 여러 가지 교회의 사정을 살펴 노회에 보고한다. 이것은 연대한 교회 간에 서로의 사정을 알고 서로 감독하며 돕기 위한 것이다. 방문자들은 방문한 교회의 당회에서 질문할 공식적인 문항을 따라 목사, 장로, 집사의 봉사에 관하여 구체적으로 묻게 된다. 방문을 받는 당회는 방문자들을 영접하기 전에 모여 질문 항목 하나하나를 세밀하게 살피고 어떤 답을 할 것이지 논의하게 된다. 당회는 당회에서 논의한 대로 답을 한다. 직분자들에 대한 질문이 다 끝나면 방문자들은 당회에 특별히 도움이 필요하거나 논의할 일이 있는지를 묻는다.

우리 켈름스콧 교회에 교회 공식 방문자들이 왔다. 당회가 모인 자리에서 방문자들의 모든 공식적인 질문이 끝나고 마지막으로 어떤 도움이나 특별히 의논할 일이 있는지 방문자들의 마지막 물음이 있었다. 이때 갑자기 한 장로가 "우리 목사의 설교에 언약에 대한 내용이 별로 없습니다." 라는 말을 했다. 이 말은 지난날 당회가 설교 토론을 할 때에는 없는 내용이었다. 방문자들을 맞이하기 위한 준비 당회를 할 때도 언급된 일이 없었다. 그가 이 말을 하자 당회원 중 연장자 한 분이 그에게 책망 조로 항의했다. 당회에서 공식적인 설교 토론시간에 제기한 일도 없을 뿐 아니라, 준비 당회에서도 언급된 일이 없던 것을 이 자리에서 어떻게 말하느냐고 했다. 그는 침묵했다. 누구도 더 이상 말하는 이가 없었다. 나는 당회의 의장으로 질서를 벗어난 그에 대하여 충분히 한마디 할 수 있었으나 하지 않았다. 그 후에도 나는 그 문제를 당회에서 제기하지 않았다. 그 형제 장로의 질책으로 충분했기 때문이다.

하지만 이런 그의 실수는 내게는 유익을 주는 기회가 되었다. 그는 나에게 언약 교리를 더 살피고 연구하는 기회를 주었다. 나는 나의 부족함을 스스로 느끼고 특별히 스킬더 교수의 언약 사상을 위시하여 여러 책을 한 번 더 살핌으로 큰 유익을 얻게 되었다. 이런 형제의 실수도 내게는 합력하여 유익을 가져오는 일이 된 것이다. 이것도 나를 위한 주님의 은혜로운 간섭이었음을 생각하고 감사하였다.

직분자들 간의 상호 견책

개혁교회에서는 당회원들 간에 서로 우호적인 견책을 하게 되는 공식적인 기회가 있다. 교회질서 73조에 "목사, 장로, 집사들은 상호 간에 그리스도인다운 견책을 시행하며 그들의 직분의 수행과 관련하여 상호 권고하고 친절하게 권면한다."라는 규정이 있다. 사람들은 일반적으로 남의 눈에 있는 티는 잘 보지만 자기 눈에 있는 들보는 보지 못한다는 말이 있다. 교회에서 직분을 받아 봉사하는 것은 매우 책임 있는 일이다. 직분자라고 해서 흠이 없는 것이 아니다. 자기가 보지 못하는 결점이 있을 수 있고, 교회를 봉사해 오는 동안 의식적으로나 무의식적으로 동역자의 마음을 상하게 하여 함께 일하는데 장애를 가져올 수도 있다. 또 알지 못하는 사이 직분 봉사에 충실하지 않을 수도 있다. 당회원은 같은 목장에서 한마음으로 양무리를 돌보고 인도해야 한다. 그래서 직분을 이행할 때 서로를 감독하고 사랑으로 권고하고 권면함으로 서로 돕는 것이 필요하다. 이로써 당회는 하나가 되어 교회를 효과적으로 봉사해 갈 수 있다.

개혁교회에서는 교회의 질서를 따라 매년 몇 차례 당회 시에 공식적인 상호 견책 시간을 가진다. 견책 시간이 되면 사회하는 목사가 당회원 한 분 한 분에게 동역자의 교회 봉사와 관련해서 할 말이 있느냐 물어 나가고 자신도 마지막에 있으면 있다, 없으면 없다고 말하게 된다. 이런 상호 견책하는 시간에 실제 견책하는 일은 거의 일어나지 않는다. 그러나 공식 당회에서 이런 순서 자체가 있다는 것이 큰 의미가 있다. 이 기회에 직분자들이 교회 봉사자로서의 자신의 모습을 뒤돌아 볼 수 있고, 상호 존경하며 교회 봉사 생활에 임할 수 있기 때문이다. 이 때문에 개혁교회 당회 안에는 심한 내분이 일어나거나 서로 충돌되는 일이 거의 없다.

나는 당회에서 이런 견책의 시간을 몇 번 겪은 후 지난날 한국에서 봉사할 때에 동역자 간에 있었던 긴장 문제를 생각하고 주님의 교회의 봉사자로서 낮은 수준의 생활을 한 것에 대해 부끄러움을 느꼈다. 당시 그 긴장이 1977년 호주 개혁교회의 청빙을 받았을 때 수락하고 떠난 이유 중의 하나이기도 했다. 그래서 나는 그동안 성도의 교제가 끊겼던 그 동역자에게 성도의 교제의 회복에 대한 나의 진심이 담긴 글을 보냈다. 답은 받지 못했지만, 그 후 나는 하나님 앞에서 양심의 평안을 누리게 되고, 한국에 다시 돌아와서도 떳떳한 마음으로 함께 봉사하고, 마음의 평화를 누릴 수 있었다.

반문화적(Counter-culture) 분위기의 개선

제2차 세계 대전 후 1950년대 호주에 처음 이민 온 네덜란드 31조파 교회에 속한 신자들은 상당수가 학력이 낮은 노동계급에 속했다. 그들의 최대의 관심사는 낯선 땅에 와서 속화되지 않고 고국에서 물려받은 전통적인 개혁신앙을 지키며 사는 것이었다. 이것이 한국 신자들의 이민생활과는 너무 달랐다. 개혁교회 이민자들은 새로 정착하는 곳에 먼저 모국교회와 같은 노선의 교회를 세운다. 그리고 다음으로 자녀의 언약적 교육을 위해 학교를 세운다. 그들에게 교회와 학교는 신앙생활에 필수적이다. 1950년에 두 가정으로 시작된 교회는 바로 그들 자녀가 기독교 교육을 받기 위한 기독교 학교를 세울 수 없었다. 초기에 그들은 아이들을 공립학교에 보낼 수밖에 없었고, 토요일에 이들을 모아 성경과 교회사, 교리문답을 가르침으로 보충수업을 했다.

그러나 계속 이민이 쇄도하여 1957년에는 전 교인이 400
여 명에 이르렀다. 이제는 기독교 학교를 시작할 수 있게 되
었다. 그해 네덜란드로부터 두 분의 교사를 초빙하여 지방
정부의 대표가 참석한 가운데 공식적으로 '요한 칼빈 학교'
라는 초등학교의 문을 열었다. 저들이 낯선 나라에 자리를
잡은 지 10년 안에 교회뿐 아니라 학교까지 세웠으니 비교
적 빨리 정착하게 된 셈이다.

저들이 이렇게 교회를 세우고 빨리 학교를 세운 것은 조
국에서 가졌던 신앙의 전통을 지켜가기 위한 노력에서였
다. 교회와 학교가 꾸준히 성장하고 내가 1978년 2월 목사
로 부임하게 되었을 때 학교는 10학년까지 있었다. 호주에
서는 10학년을 끝내면 직업학교인 전문학교로 가서 직업훈
련을 받을 수 있다. 개혁교회 회중들은 직업을 위한 전문학
교까지 보낼 수 있는 10학년까지 우선 운영했다. 대학을 지
망하는 학생들은 남은 2년을 주변에 있는 공립학교에 가서
공부를 계속했다. 우리 아이들도 당시 이 학교에서 10학년
을 마치고 주변에 있는 아마데일 공립고등학교에서 2년을
공부한 후 대학교에 입학했다. 내가 목사로 부임한 지 4년

이 되어서야 10학년까지의 학교가 대학에 지원할 수 있는 12학년까지의 학교로 확대될 수 있었다.

그동안 이 교회 성도들의 상당수는 고국에서 가졌던 신앙의 전통으로부터 벗어나게 될 우려와 생활의 속화를 염려함으로 자녀들을 직업을 위한 전문학교에 갈 수 있는 정도의 교육으로 만족하고, 일반 대학에 진학하는 12학년까지의 교육을 연장하는 데는 약간 소극적이었다. 1세대들 대부분은 자녀들을 일반대학교에 보내는 일을 매우 주저했다. 듣는 대로 이유는 있었다. 그동안 대학교를 졸업한 몇 사람이 있었는데 그 가운데 한 분이 교회를 떠났다는 것이다.

이런 가운데서 교인들 가운데 의식적으로, 무의식적으로 반문화적인 사고의 흐름이 교회생활 저변에 자리를 잡아 왔다. 동역자 브뤼닝 목사도 9남매의 자녀를 가졌으나 모두 전문학교와 간호학교에만 보냈다. 이런 추세는 마침내 고등학교에서 가르칠 자격 있는 교사를 자기들 교회 내부로부터 얻지 못하여 네덜란드와 캐나다에 있는 자매교회로부터 교사들을 모집하여 청빙해 올 수밖에 없는 결과를 가져왔다.

내가 목사로 취임한 지 3년 후에 구역의 장로들이 우리 집에 정규 심방을 왔을 때이다. 장로들은 일반적으로 아이들과 먼저 대화를 시작한다. 아이들과 대화를 하는 중 두 장로 중 1세대에 속한 연로한 분이 우리 집 둘째 딸에게 앞으로 무엇을 하기 원하느냐 하고 물었다. 그는 의과대학에 가서 공부하여 의사가 되려 한다고 했다. 그는 말한 대로 뒤에 의사가 되었다. 이때 이 장로의 반응은 "대학에 가는 것이 위험하지 않는가?"라고 반문했다. 이것이 당시의 연로한 이민 1세대의 정서였다. 그도 브뤼닝 목사처럼 여러 자녀가 있었으나 이들을 일반 대학에는 보내지 않고 교사가 되는 사범학교와 직업학교에만 보냈다.

나는 이런 반문화적 추세를 보고 변화를 가져와야 할 것으로 확신했다. 그래서 기회가 있는 대로 설교와 청소년들의 교리문답 교육반에서 그리스도인의 문화사명과 고등교육의 필요성을 강조했다. 이때 브뤼닝 목사도 지금까지의 반문화적 사고의 흐름을 재평가하고 반문화적 분위기는 바뀌어야 한다고 생각하게 되었다.

당시 호주에서는 자녀들을 대학에 보내는데 학비는 문제가 되지 않았다. 수입이 상위층에 속하지 않는 한 모든 학생에게 대학교육이 무상이었다. 청소년들이 능력만 있으면 얼마든지 대학에 진학하고 공부를 계속할 수 있었다. 심지어 정부는 학생들에게 매주 얼마씩 보조금까지 지급하였다. 우리 집 아이들 4남매도 모두 서부호주대학교(UWA)에 음악과, 상과, 의과에 입학하여 공부했지만, 학비는 들지 않았다. 한국에서 4남매를 대학에 보내려면 매우 어려웠을 것이었지만 감사하게도 저들이 무난히 대학에 입학하게 되어 별 경제적인 어려움 없이 다 대학을 마칠 수 있었다. 나는 이런 좋은 기회를 잘 사용하지 않고 있는 주변에 무의식적으로 자리 잡은 반문화적 분위기를 매우 안타깝게 생각했다.

차츰 교인들이 반문화적 분위기는 변해갔다. 이를 위해 우리 집 자녀들이 모두 대학에 입학하여 다님으로 반문화적 분위기 개선에 앞장을 서게 된 셈이다. 30대 몇 분이 지난날 진학하지 못한 것을 후회하고 뒤늦게 대학공부를 마치고 요한 칼빈 학교에 교사가 되기도 했다. 이후 상당수 청소년이 대학교에 진학하여 목사, 의사, 변호사들이 되었다. 이것도 주께서 베푸신 큰 은혜였다.

개혁교회 국제협의회
(International Conference of Reformed Churches)

1970년대는 아직 지구촌이란 말이 생겨나지 않은 때였다. 대륙 간의 거리는 매우 멀었다. 지금은 호주에 이민해 온 네덜란드 사람들이 고국 네덜란드와 친지들이 사는 미국, 캐나다, 남아공을 자주 오간다. 그러나 1970년대만 해도 그렇지 못했다. 호주는 유럽과 북미 대륙으로부터 너무 먼 거리에 있었다. 호주 개혁교회는 네덜란드와 북미에 있는 자매교회들로부터 격리감이 있었다. 브뤼닝 목사와 나는 자매교회들이 정기적으로 모여 공동 관심사를 서로 논의하고 교제할 수 있는 국제적인 기구를 가질 필요성을 느끼고 의논하게 되었다.

마침 1950년대에 호주 태즈메이니아 섬의 론서스턴에서 네덜란드 이민 교회에 봉사했던 밴 론전(Rev. G. van Rongen) 목사가 미국 그랜드랫빗에 가서 교회에 봉사하다가 만년에 네덜란드로 돌아가 목회를 하고 있었다. 우리는 호주교회의 입장을 잘 알고 있는 그와 이 문제를 논의했다. 그는 누구보다 호주 교회의 형편을 잘 알고 있기 때문에 네덜란드 개혁교회 섭외부와 의논하여 세계에 흩어진 자매 교회들끼리 국제적 협의회를 갖자는데 합의를 보고, 가능하면 범위를 좀 넓혀 신실한 장로교회들도 초청하자는 제의를 했다. 결과 1982년 9월에 네덜란드 북부지방 흐로닝언 남교회의 콜룸나 교회당에서 '개혁교회 국제협의회'(The International Conference of Reformed Churches)의 준비 모임(창립)을 하게 되었다.

이 교회당은 지난날 나의 유학 시절에 나의 재정보증을 하고 도운 흐로닝언 남교회에 속한 교회당 중 하나요, 공부를 마치고 돌아오기 전 교회 회중과 이별의 모임을 가졌던 곳이어서 내게는 감회가 새로웠다. 창립을 위한 모임에 브뤼닝 목사와 내가 호주 자유개혁교회의 대표로 참석했다. 한국에서는 이근삼 박사가 한국 고신 장로교회의 대표로 참석하여 서로 기쁘게 만날 수 있었다. 스코틀랜드 자유(장로)교회와 북아일랜드의 장로교회의 대표들도 왔다. 그 모임에서 밴 론전 목사가 의장으로 선임되어 봉사했다. 준비 모임의 회원 교회는 일곱 나라로부터 왔다.

그 후 1989년 캐나다 랭리에서 모인 제2차 협의회부터는 회원교회가 차츰 늘어나기 시작했다. 1993년 제3차 협의회가 네덜란드 즈볼러에서 열렸을 때는 내가 귀국하여 신학

캐나다 대표와 함께(1993)
뒷줄 왼쪽부터 Dr. Gootjes, Mr. berends, Rev. C. Stam, Dr. Faber, Dr. J. Visser
그리고 앞줄 이근삼 박사와 나

대학원에서 봉사하던 중이라 이근삼 박사와 함께 우리 고
신교회를 대표해 참석하였다. 이때 협의회가 나를 부회장
으로 추대해 주어 봉사했다. 이때는 캐나다 개혁교회가
1992년에 우리 고신 교회와 자매 관계를 결의한 지 한 해가
된 때여서 양 교회 대표들끼리 처음으로 만나 특별한 교제
도 나누었다. 이후 미 정통장로교회, 남아공의 개혁교회 등
많은 정통적 개혁주의 교회들이 속속 이 협의회에 가담하
게 되어 현재는 30여 회원 교회로 늘어났다.

4년마다 모이는 이 개혁교회 국제협의회의 대회는 세계 정통 개혁교회들의 유일한 대화와 협력의 광장이 되어 있다. 1997년 제4차 협의회는 한국 고신교회가 소집교회로 지정되어 서울 서문교회에서 모였다. 이 대회에는 세계 30여 교파 70여 명의 대의원들이 참석했는데 내가 의장으로 추대를 받아 봉사했다. 1982년 자매교회 간의 상호 밀접한 교제를 위해 시작한 작은 출발이 마침내 세계에 흩어져 있는 정통적 칼빈주의 신학 노선을 걷는 개혁교회, 장로교회들의 아름다운 교제와 협력을 위한 국제적 모임이 되었다.

4차 ICRC 서울 대회(1997)

ICRC 서울대회 집행위원
왼쪽부터 Rev. vanderMeyden, Rev. M. van Beveren,
Dr. S. G. Hur, Rev. J. J. Peterson

18. 개혁교회와 신앙생활

"신앙은 생활이다." 이 말은 개혁주의 교회에서 자주 하는 말이다. 나는 개혁교회 목회생활을 하면서 이 말이 무엇을 뜻하는 것인지 그들의 생활 속에서 확인하고 말없이 배울 수 있었다. 지상에 완전한 교회는 없다. 그러나 개혁신자들은 교회 강단으로부터 들은 복음 진리와 교리를 따라 살기 위해 매일 노력하는 모습을 보게 된다. 어떻게 보면 이들은 수백 년 동안 조상들로부터 받아 온 신앙생활의 전통이 이렇게 자리를 잡아서인지 모른다. 내가 겪은 개혁주의 교회생활을 영역별로 간단하게 정리해 본다.

가정생활

하나님 중심, 교회 중심의 생활이다. 우리가 말하는 가정예배 같은 형식은 거의 없다. 하지만 그 이상의 경건 생활이 있다. 식사시간에는 온 가족이 식탁에서 가정의 머리인 아버지의 인도로 기도하고 식사를 한 후 반드시 성경을 읽고 기도한다. 영육의 양식을 함께 섭취하는 것이다. 주일에는 부모와 자녀들이 다 함께 공 예배에 참석한다. 대부분 부모와 자녀들이 같은 줄 의자에 나란히 앉는다. 성경과 교리공부는 주간 중에 학교와 교회에서 하므로 청소년들이 주일에는 교회에서 예배 외에 딴 모임을 거의 갖지 않는다.

교회생활

주일에는 오전, 오후 정상적인 두 번의 예배가 있다. 우리가 통상 말하는 '대예배'라는 말이 없다. 오전 오후 예배가 똑같이 드려진다. 우리 한국 교회의 수요일 기도회는 같은 모임은 없다. 하지만 주간 내내 거의 저녁마다 교리 교육반, 성경연구 클럽모임 등이 계속된다. 교회에 청소년은 매주 한 시간씩 교회에 나와 목사로부터 교리교육을 받는다. 부모는 자녀를 이 교리반에 꼭 보낼 사명을 가진다. 이 교리교육은 신앙고백을 할 때까지 적어도 오륙 년 동안 계속된다. 이 청소년들은 교리교육을 마친 후에는 이어 한 시간 동안 클럽 모임(Youth Club)을 가진다. 이것은 자기들끼리 모여 순서에 따라 돌아가면서 성경 혹은 신앙고백, 교회사 등

연구한 것을 발표하고 토론하는 것이다. 당회는 때때로 당회원을 대표로 파송하여 이들의 활동을 지켜보게 하고 보고를 받는다.

장년들도 모두 여러 남녀 클럽(Men's Club, Women's Club)에 가입하여 활동한다. 이 남녀 클럽은 각기 격주로 저녁에 모이게 된다. 부모 중 한 분은 가정을 지키기 위해서이다. 이 클럽들도 성경, 신앙고백, 교회사 등의 공부가 목적이다. 계획에 따라 각 사람이 성경, 혹은 다른 분야를 맡아 연구하여 와서 발표하고 토론한다. 이렇게 부모나 청장년 자녀들이 모두 클럽에 나가 연구하고 발표해야 하니, 성경과 신앙고백, 교회사 등을 공부하지 않을 수 없다. 따라서 자연히 각 가정이 참고 서적을 준비하고 열심히 공부하게 된다. 자녀들의 생일이나 특별한 날을 당할 때 부모가 자녀에게 사주는 선물 중에 대부분은 공부에 필요한 좋은 책이다. 결과 개혁교회 신자들의 모든 가정에는 상당한 수의 주석과 참고 도서를 갖추고 있는 모습을 보게 된다.

교회와 학교(Reformed School)

이미 앞서 언급한 대로 개혁교회에는 자녀들의 개혁주의

교육을 위해 학교를 세우는 것을 의무로 알고 있다. 이 학교
는 교회에 속하지 않는다. 영역주권에 따라 일반 기독교 교
육은 부모의 몫이고 교회의 의무가 아니다. 부모들이 '개혁
주의 교육 협의회'를 조직하여 학교를 세우고 집행위원을
세워 운영한다. 그렇다고 자녀가 있는 부모만 이 협의회의
회원이 되는 것은 아니다. 기독교 교육을 통한 하나님 나라
의 건설을 위해 자녀가 있든지 없든지 모든 신자가 회원이
되어 형편에 따라 주정 기여헌금으로 협조한다. 장로들은
심방할 때 항상 이 점을 고려하여 마음을 다해 언약 자녀들
의 교육을 돕도록 격려한다. 교회와 학교의 협력은 이런 방
법으로 이루어진다.

신자들의 교제와 특별활동

청소년들은 교회 안의 공식적인 클럽(Youth Clubs) 외에
축구 클럽 등을 만들어 주말에 모여 팀을 만들어 서로 교제
하며 경기를 한다. 그리고 각 교회, 혹은 주변 교회와 연합
으로 합창단을 조직하여 주기적으로 연습하고 특별한 기회
에 음악 연주회를 한다. 아마데일 주변에는 여러 이웃 교회
성도들이 함께하는 'Soli Deo Gloria'(오직 하나님의 영광)
라는 합창단이 있다. 이 합창단은 주기적으로 모여 교제하

아마데일 지역 교회 솔리데오글로리아 합창단

고 연습하여 크리스마스, 부활절 혹은 특별한 기회가 있을 때 연주회를 한다. 어떤 때는 수백㎞ 떨어진 자매 교회에 가서 연주하기도 한다. 우리 집 아이들이 반주도 하고 지휘도 하여 봉사할 수 있었던 것이 감사했다.

구미의 거의 모든 개혁교회에서는 공예배 시간에 특별찬양을 하는 성가대가 없다. 항상 회중이 함께 찬양한다. 이것은 칼뱅시대로부터 내려오는 전통이다. 16세기 교회개혁 이전의 교회예배에서는 교회에 나오는 회중이 장엄한 파이프 오르간의 연주와 성가대가 부르는 성가를 듣기만 했다. 회중은 예배의식의 수동적인 참관자일 뿐이었다. 교회개혁으로 회중이 예배에 능동적으로 동참하게 되는 예배의 개혁이 있었다. 결과 개혁교회는 교회예배에서 일부가 연주하고 회중이 듣는 로마교회적 전통을 멀리하였다. 이것은 서구의 개혁교회뿐 아니라, 칼뱅의 영향을 받은 존 녹스에 의해 개혁된 스코틀랜드의 장로교회도 예배 시간에 성가대를 두지 않는다. 이 교회는 대륙의 개혁교회보다 더 나아가 예배 시간에 반주를 위한 어떤 음악기구도 사용하지 않고 앞에서 선창하는 분을 따라 육성으로만 회중이 찬양한다.

사실 오늘의 한국의 성가대 제도는 로마 교회의 예배 전통을 상당히 이어오는 영국교회(Anglican Church-성공회) 예배의식의 강한 영향을 받은 것으로 이해한다. 성가대 제복도 바로 로마교회와 영국교회의 제복과 유사함을 보게된다. 영국교회 안에는 지난날의 로마 가톨릭교회의 의식적 잔재들이 많이 남아 있다.

한국 교회 대부분이 성가대가 있다. 이것을 부정적으로만 볼 수는 없다. 예배에 도움이 될 수 있다. 하지만 성가대가 지나치게 전시적일 때가 있고, 상당수 교회가 찬양 후에 박수를 보내는 일을 보게 된다. 이는 음악 연주회에서 할 일이고 공예배에서 할 일은 아니다. 이런 일을 보고 예배의 속화를 염려하게 된다.

개혁신자들과 노동, 노동조합

개혁신자들은 노동에 귀천을 가리지 않는다. 환경에 따라 어떤 일도 마다 하지 않는다. 예를 들면 학교의 교장으로 일하던 분이 학교를 물러나게 되었다. 이 때 그는 가정을 돌며 정원의 풀을 깎는 일을 하고, 혹은 병원 청소를 함으로 생활비를 벌면서 교회의 장로로 봉사했다. 아무도 이것을 이상하게 여기지 않았다.

그러면서 개혁교회신자들은 아무리 어려워도 개혁주의 신자로서 걸어가야 할 길과 걸어가지 않아야 할 길은 분명히 가린다. 개혁 신자들은 아무리 대우가 좋은 직장이라도 개혁주의 신앙생활에 장애가 될 때는 그 길에 들어서지 않는다. 특별히 노조가입을 강제하는 직장은 아무리 좋은 자리가 있어도 들어가지 않는다. 거의 모든 노조의 집행부는 극단적인 사회주의 노선을 걷고 행동이 혁명적이기 때문이다. 노조회원이 되면 그들의 지시를 따르지 않을 수 없다.

이런 현상은 온 세계가 마찬가지다. 개혁교회 신자들은 이런 노조의 이념과 행동을 반대한다. 혁명적인 행동은 개혁신앙과 배치되기 때문이다. 하지만 한국 교회 지도자들과 신자들은 이런 문제에 대해서는 의식도 감각도 전혀 없다. 고신교회가 한국에서 보수적 개혁주의 신학과 신앙 노선을 걷는다고 자처한다. 그러나 그에 따른 생활이 없음을 본다.

영역주권을 고려할 때 고신파 교회는 대학교나 복음병원을 직영하지 않는 것이 옳지 않다. 하지만 이미 직영했고, 아직도 직영하는 형편에 있다. 그렇다면 이 기관들이 가능한 한 개혁주의 신앙의 원리를 따라 운영되고, 모든 직원들이 이를 따르는 생활의 노력이라도 해야 한다. 그런데 이런 면에서 기대와 너무도 멀다. 고신대학교 복음병원에 노조가 가장 강한 좌편향성을 가진 민주노총에 가입되어 활동해 왔다. 이 노조원 대부분이 고신교회에 속한 신자요, 집사와 장로들일 것으로 안다. 이것은 개혁주의 신앙세계의 상식으로는 이해할 수 없는 일이다. 좌편향성 사회주의 노선과 정통적 개혁신앙, 이 둘은 전혀 함께 할 수 없는 것이다. 교회지도자들이 이에 대해 전혀 감각이 없음을 본다. 이사회가 무엇을 하고 있는지 이해할 수 없다. 교회를 대표하는 이사회라면 그 기능 중 가장 중요한 것이 각 기관이 개혁주의 이념에 따라 운영되고 있는지 살피고 감독하는 것이라고 안다. 지난날 신대원이 복음병원 옆에 있을 때 여러 번 파업을 하고 연좌데모로 단체 행동하는 모습을 보았다. 개혁주의 교회 세계에서는 상상할 수 없는 일이다. 복음병원이라는 '복음'이 무색하게 보였다. 나는 1988년 신대원 원장으로 취임하면서 고신대학교 노조원으로 있는 직원들이 신대원으로 이동해 왔을 때 그들에게 노조에서 탈퇴할 것을 요구했고, 그들은 노조에서 나왔다.

여러 해 전 기독교보에 복음병원 노조가 민주노총에 가담하여 있는 사실을 염려하고 비판의 글을 길게 써 낸 일이 있었다. 누가 내 글을 비판하거나 욕설하고 나올 것으로 생각했다. 나는 이를 기대했다. 그래야 서로 토론이 되고 건설적인 방향을 찾을 수 있기 때문이다. 하지만 어느 한 분의 반응도 없었다. 허공을 친 것뿐이었다. 주 예수님의 동생 야고보는 "행함이 없는 믿음은 죽은 것이니라."(약 2:26)라고 했다. 행함이 없는 개혁신앙도 죽은 것이라고 봐야 한다. 고신교회가 행함이 있는 개혁주의 교회로 거듭날 수 있기를 진심으로 바란다.

19. 고신대학 신학대학원으로 돌아옴

귀국 과정

호주의 개혁교회에서 7년째 봉사를 하고 있던 1984년 봄에 한명동 목사님으로부터 편지를 받았다. 서울 고려신학교에 와서 교수로 봉사해 달라는 내용의 편지였다. 당시 그는 목회 현장에서 은퇴한 후 서울 고려신학교의 교장으로 봉사하고 있었다. 그는 1977년 1월에 내가 호주 개혁교회의 청빙을 받고 한국을 떠나려 할 때 고려학원 이사장으로 봉사하면서 나를 강하게 몇 번이나 만류했다. 당시 한국을 떠날 때 나는 한국을 영원히 떠난다는 생각은 하지 않았다. 주의 뜻이면 앞으로 한국에 돌아와 한국교회를 위해 목회를 하거나 신학교에 다시 봉사하다 생을 마친다는 생각을 가졌다. 하지만 나는 한 목사님의 편지를 받은 후 그의 청을 정중히 거절하는 글을 보내어야만 했다. 친지들을 통해 한국 고신교회 신학교육의 현실에 대해 알아본 결과 내가 한국을 떠난 이후 지방 신학교들이 생겨 교파 신학교육의 체계가 일원화되지 못하고 교육 수준에도 균형을 잃고 있다는 강한 인상을 받았기 때문이다. 나는 서울 고려신학교에 가는 것은 고신교회를 위해서나 정상한 교회 신학교육을 위해 바람직하지 않다고 결론을 내렸다.

그 후 2년이 지났을 때 1986년 1월 고신대학 이근삼 박사로부터 대학 교수회를 대표해 보낸 편지를 받았다. 대학의 어려운 형편을 언급하면서 대학에서 교수로 초청하기로 결의했으니, 속히 목회를 정리하고 나와서 학교를 도와 달라고 했다. 당시는 현재와 달리 신학대학원이 행정적으로 고신대학에 속해 있었다. 그동안 고신대학이 매우 복잡하고 어려운 과정을 지내왔다는 사실을 풍편으로 들어왔다. 1982년 3월에 고신대 학생이 연관되어 일어난 미문화원 방화사건 때문에 이근삼 박사가 학장 인책 사면을 하게 되고, 이어 오병세 박사가 학장으로 취임했으나 영도 제2 캠퍼스의 조성과 이전 문제 등으로 학교 내부에 갈등이 생겨 1985년 가을에 다시 물러나게 되는 어려움이 있었다. 결과 학장이 공석으로 있었던 때였다.

이 박사의 편지를 받고 9년 동안 이곳 교회를 봉사했으니 이제 귀국하여 한국의 교회와 모교를 도와야겠다는 생각을 하게 되었다. 아내도 이에 동의했다. 곧 이 박사에게 목회 일을 정리하고 떠나려면 적어도 2, 3개월이 걸리겠다고 답을 했다. 당시는 아직 이메일과 같은 빠르고 편리한 통신수단이 없었다. 편지로만 서로 소식을 알리고 받을 수 있었다. 두 주간이 지난 뒤 다시 그에게서 편지가 왔다. 그동안 이사회가 새 학장을 임명했다는 소식을 전하면서 이제 그 학장과 서로 연락해서 귀국하도록 해 달라고 했다. 새로 학장으로 임명된 분은 초등학교에서 신대원에 이르기까지 같은 학교의 후배로 잘 아는 분이었다. 그에게 학장으로 봉사하게 된 것을 축하하면서 이곳 목회를 정리하는 데는 2, 3개월의 시간이 걸리게 되겠는데 정리되는 대로 귀국하겠다고 알렸다. 하지만 그로부터 단지 짧은 두 문장으로 된 매우 황당한 회신을 받았다. 이때 나는 귀국하는 것이 하나님의 뜻이 아닌 줄 알고 즉시 귀국할 뜻을 포기하고 다시 목회에 전념했다. 이때 나는 이 일을 인간적으로 이해하기 매우 어려운 일로 여겼지만, 은퇴 후에야 이것도 "모든 것이 합력하여 선을 이루게 하시는" 하나님의 은혜로운 섭리의 역사로 알고 감사하게 되었다. 내가 호주에서 10년간 일하는 것이 나의 남은 생애를 위해 꼭 필요한 것임을 하나님께서 미리 아시고 이끄신 역사였기 때문이다.

그 후 해가 바뀌었다. 1987년 3월 고려학원 이사장 서완선 목사님으로부터 편지를 받았다. 그는 외국에서 개혁교회를 오래 봉사했으니 이제는 귀국하여 한국의 교회와 신학교를 위해 봉사해야 하지 않겠느냐고 하면서 이사회가 교수로 임명했으니 속히 귀국하여 한국 교회를 위해 봉사해 달라고 했다. 이 편지를 받은 우리 내외는 이제 한국으로 돌아가 남은 생을 봉사하는 것이 하나님의 뜻으로 믿게 되었다. 켈름스콧 교회 당회에 이 사실을 알리고 7월까지 교회를 시무하겠다고 알리고 이해를 구했다.

8월 2일 켈름스콧 교회에서 송별설교를 하고 8월 7일(금) 저녁에 교회의 송별회가 있었다. 모든 교인이 모이고 자매교회 대표들도 참

송별회(캥거루 가죽을 선물로 받음)

켈름스콧 교회 송별회

석했다. 나의 아내와 나는 교회, 남녀 장년회, 교리문답 교
육반 청소년 클럽들로부터 다양한 송별 선물들을 받았다.
다양한 프로그램으로 즐거우면서도 아쉬운 송별회를 했다.
8월 15일 밤에는 16명의 당회원 부부들과의 마지막 송별연
을 가졌다. 그리고 8월 21에 10년간 살며 봉사한 호주 자유
개혁교회를 떠나 1987년 8월 24일 월요일에 귀국 길에 올랐
다.

1980년대의 신학대학원

1987년 8월 귀국하자 곧 가을 학기가 시작되었다. 당시 신

학대학원 교수들은 10년 전 1970년대 함께 봉사했던 '삼박사'라 불린 선배 교수들인 홍반식, 이근삼, 오병세 교수와 그동안 새로 들어온 이보민, 박종칠, 안영복 교수 등이 있었다. 그 외에 네덜란드 개혁교회(31조 자유파)로부터 선교사 교수로 파송되어 와서 봉사하는 고재수 교수(N. H. Gootjes)와 박도호 교수(J. M. Batteau)가 있었다. 홍반식 교수는 구약 학자로서 신사형의 조용한 인물로 설교에 언어를 잘 구사하는 분이었다. 이근삼 교수는 교의학을 담당해 온 분으로 단순한 성격의 소유자로 매우 화합적이고 사교적이었다. 오병세 교수는 구약 학자이면서 주로 신약을 담당하고 교회정치에 매우 밝은 분이었다. 이 세 교수는 고려신학교 제5회 동기생(1951년)으로 거의 같은 때에 미국 유학을 떠나 고신교회가 장신 승동 측과 합동한 후인 1961, 1962년에 귀국하여 1990년대 초까지 30여 년간 고신신학교육과 교회 건설에 이바지했다. 이들은 서로 전혀 다른 성격을 가진 분들이었지만 30여 년을 함께 봉사하는 가운데 서로 있을 수 있는 충돌과 분열의 위기를 자제와 인내로 잘 극복해 왔었다. 고재수 교수는 내가 네덜란드 캄펜 신학대학교에서 박사 과정에 있을 때 공부하던 신학생으로 내 자취방에도 자주 들려 잘 아는 분으로 한국 우리 신학교에서 동역자로 만나게 되어 반가웠다. 그러나 그는 1989년에 캐나다 해밀턴에 있는 캐나다 개혁교회 신학대학에 교수로 청빙 받아 떠나게 되었다.

8월에 돌아온 나는 9월 3일에 첫 번째 경건회를 인도했다. 당시 학교의 정황은 10년 전과는 크게 달라져 있었다. 그때는 신학교의 부속기관이었던 신학예과인 대학부가 대학인가를 받아 '고려신학대학'으로 위상이 달라졌지만, 여전히 신학교(신대원)가 주격이었다. 종교 교육학과가 증과 되었어도 여전히 대학은 신학교의 부속기관이었다.

하지만 이후 대학이 종교 음악과를 비롯하여 여러 과를 증설하게 되고 1981년에 의예과를 신설하여 학교 이름도 고신대학으로 고쳐 대학의 규모가 커졌다. 결과 이제는 대학이 주격이 되고 신학교는 부속기관이 되어버린 것이다. 신학교(신학 본과)가 1980년에 전문대학원으로 인가를 받았지만, 대학에 종속된 기관이 되어 신학대학원은 '고신대학 신학대학원'이 되고 행정, 재정적으로 대학 학장의 통제 아래 들게 되었다. 지난날 교회의 사랑과 지원을 받아오던 '고려신학교'는 몸집이 커진 대학의 그림자에 가려 버리고 고유한 '고려신학교'란 이름도 잃고 말았다.

이런 가운데 1982년 고신대 학생이 관련된 미 문화원 방화사건, 이어 고신대 영도 제2 캠퍼스 조성, 이전 문제로 1984~1985년에 학교 내에 일어난 소요사건으로 학교가 홍역을 치렀다. 1980년대 하반기에는 소위 학내 민주화 운동으로 대학 내에 큰 소요가 일어나고 폭력이 난무하여 1988년 4월 한 달 동안 학교 수업이 전면 중단되기까지 했다.

1987년 8월에 귀국한 후 반년 이상 고신대학 교정에서 일어나는 모든 일을 본 나는 고려파 교회가 정체성을 잃은데 놀라게 되었다. 무엇보다 지난날 한국 교계에서 고려파 교회의 상징이었던 '고려신학교'가 고신대학의 큰 그림자 아래 거의, 완전히 사라져 버렸다. 교계 많은 사람이 대학에서 일어난 데모와 폭력이 신학교에서 일어난 것으로 알고 있었다.

이때 나는 고신교회가 개혁주의 신앙과 생활을 강조해 오면서 개혁주의 생활의 원리에서 벗어난 교회생활을 이룩해 온 것을 실감하게 되었다. 지난 10년 동안 내가 개혁교회에서 젖어온 교회생활과는 너무 큰 거리에 있음을 알고 가능한 대로 개혁주의 생활의 원리를 따라 새로운 교회생활을 구축해 나가는데 작은 힘이나마 봉사해야 하겠다는 소명감을 갖게 되었다.

무엇보다 한국의 장로교회는 '영역주권'이란 개혁주의 생활의 원리를 전혀 무시하고 실용 실리적 차원에서 모든 일을 해 온 것을 발견하게 되었다. 먼저 영적 영역과 세상의 영역을 구별하지 않았다. 나도 개혁교회 목사로 봉사하면서 개혁교회 생활에 깊이 관련을 하지 않았다면 다른 분들과 꼭 같이 이 문제에 대해 무감각했을 것이다. 대학이 기독교 신앙을 기반으로 할지라도 영적인 영역은 아니다. 따라서 대학은 교회가 직영할 영역이 아니다. 교회가 학교(대학)를 직영할 때 교회치리회가 대학을 운영하게 된다. 그러면 교회는 자연히 속화의 문을 열어 놓게 되는 것이다. 하지만 고신교회는 이에 대한 아무런 주의도 기울이지 않고 대학을 교회가 직영했다. 그 결과 신학교가 대학에 속하게 되어 대학에 폭력이 지배할 때 상당수 사람들이 신학교에서 이런 일이 일어나고 있는 것으로 오해하게 하였다.

나는 이런 고신대학의 현실을 보고 우선 대학과 신학교의 정체의 구별이라도 해야겠다는 생각을 가졌다. 이것이 영역주권 원리에 따른 개혁주의 생활의 첫 출발이라 생각하였다. 그리고 과거 오랫동안 '고려신학교'라 불려 오고, 이것이 '고려파 교회'의 정체성을 드러내었는데 '고려'라는

말이 사라지고 '고신'이
란 말로 대체된데 놀랐
다. 그래서 '고려'라는
말부터 회복해야겠다
고 생각했다.

학생들의 소요가 계
속되고 수업이 제대로
진행되지 못할 때 교수
들의 간담회가 열렸다.
이 자리에서 나는 고려
신학교의 정체성을 찾
기 위해 신학대학원을
앞으로 '고신대학 신학

신대원 교수들과 함께(송도)

대학원'으로 부르지 말고, 옛 교명으로 돌아가 '고려'라는
말을 붙여 '고려신학대학원'으로 부르자고 했다. 나아가 가
능한 대로 신대원을 대학으로부터 완전히 독립된 학교로
만들자고 제의했다. 학교의 이름을 현재 공식적으로 '고려
신학대학원'으로 부르기 어렵다면, 교육부가 이것을 허락
할 때까지 학교와 교회 내에서라도 그렇게 부르자고 했다.

이런 제의를 한 것은 교회학교로서의 '신학교'의 정체성을 찾을 뿐 아니라, 앞으로 신학교는 영적인 영역인 교회의 학교로 독립하고, 대학은 교회가 직영하지 않고 뜻있는 신자들이 운영하도록 내어주는 첫걸음으로 생각하고 한 것이었다. 이런 생활의 원리는 내가 개혁교회 목사로 봉사하면서 체험적으로 익힌 매우 중요한 영역주권 생활의 원리에 따른 것이었다.

이와 같은 원리에 따른 나의 제의가 어느 정도 받아들여져 1988년 8월 고신대 교무회의는 "신학대학원을 목회자 양성의 독립학교로 문교부에 신청하기로 하고, 교명은 고려신학대학원(가칭)으로 하기로" 결의하였다. 그리고 신학대학원의 재정, 학사, 행정, 인사를 대학으로부터 분리하는 것을 원칙으로 받아들였다. 후에 이사회도 이 결의를 수용하였다. 이로써 신학대학원은 독립된 단설대학원 설립을 목표하고 노력하기로 했다.

20. 고려신학대학원 원장으로 봉사

신학대학원의 독립

1988년 9월에 홍반식 박사가 정년 은퇴하고 내가 신학대학원 원장으로 취임했다. 이제 나는 신학대학원의 정체성을 회복하고 대학으로부터 독립하는 데 모든 노력을 기울였다. 드디어 신학대학원은 대학으로부터의 행정, 학사, 재정, 인사의 독립을 얻게 되었다. 신대원의 명칭을 우선 교회와 교류하는 모든 문서에서 '고려신학대학원'으로 사용하고 그렇게 부르게 함으로 차츰 신학교의 정체성을 되찾아 갔다. 이에 대해 불만스럽게 여기는 목사들도 있었다. 어떤 목사는 내게 와서 '고신대학 신학대학원'인데 왜 '고려신학대학원'이라 부르느냐며 항의 조로 말하기도 했다. 목사들이 개혁주의는 말하면서 개혁주의 생활의 원리를 모르고 있음이 안타까웠다. 이제 교육부에도 학칙변경을 통해 학교 명칭을 '고려신학대학원'으로 고치기 위해 노력했다. 교육부가 처음에는 이 변경을 허락하지 않았으나 몇 년 후에는 허락해 주었다. 이제 신학대학원은 고신대학과 구별된 '고려신학대학원'이란 공식 명칭을 갖게 되었다.

나는 개혁주의 생활의 '영역주권'의 원칙에 따라 교회가 대학을 직영하는 것을 전혀 바람직하지 않은 것으로 보았다. 교회는 영적인 영역으로 복음을 전하고 신자들의 영적 영역을 돌보는 사명을 가지고 있다. 일반 기독교 교육은 영적인 영역이 아니다. 영적 영역에 사명을 가진 목사들이 학교의 운영에 직접 관련해서는 안 된다. 학교의 설립과 운영은 자녀들에 대한 기독교교육에 사명을 가진 신자들이 설립하고 운영해야 한다. 이런 원리는 개혁주의 생활원리이고 내가 개혁교회 목회생활을 하면서 체험적으로 바르다고 깨달은 것이었다.

개혁교회에서는 기독교 학교를 운영하지만, 이것을 교회 치리회의(당회, 노회, 총회) 영역이 아니고, 부모들과 일반 신자들의 영역으로 본다. 따라서 교회치리회가 학교를 설립하고 운영하는 일이 없다. 단지 측면적으로 학교를 위해 기도하고 도울 뿐이다. 치리회가 학교 운영에 직접 관계하지 않음으로 교회는 교회적인 순수성을 지켜나갈 수 있다. 목사는 그의 사명이 영적 영역이기 때문에 학교의 운영에 전혀 관련하지 않는다. 장로도 장로라는 직분의 이름으로 운영에 관련하지 않는다. 단지 신자와 부모의 자격으로 관계하게 된다.

그러나 한국 현실에서는 고신대학교가 교회(총회)의 직영이기 때문에 이사와 이사장이 목사이다. 나는 이것이 목사직의 속화를 불러오는 큰 원인이 되고 있음을 알았다. 목사들이 대학교와 병원이라는 큰 기관을 운영하는 이사회의 이사와 이사장이 되는 것을 큰 영광으로 여기고 있음이 이해가 되지 않고, 이는 영적 봉사자인 목회자에게 탈선으로만 보였다. 개혁교회에서는 목사가 교회라는 영적인 영역 이외에 어떤 다른 영역의 임원이 되는 일이 전혀 없다.

신학교는 말씀을 전할 목사를 양성하는 영적 기관이니 교회가 직영하는 것이 옳다. 이 영적 영역 기관의 운영과 감독을 위해서는 목사, 장로가 교회의 파송을 받아 이사들로 운영에 참여함이 마땅하다. 신학교 이사들의 가장 큰 사명은 재정적 관리보다 신학 교육을 감독하는 일이다. 나는 이런 개혁주의 원리를 고신교회에 이해시키고 적용하기 위해 계속 글을 쓰고 지도자들을 설득했다.

그러나 대학과 병원을 고신교회의 소유로 알고 이를 자랑스럽게 여겨 온 대부분 목사와 장로들은 이에 대해 냉담한 편이었다. 그러나 상당수 교회지도자는 이를 바르게 보고 협력했다. 결과 신학대학원의 교회 직영은 원리적으로 확보하게 되었다. 1989년 총회는 교회경상비의 100분의 1을 신학대학원 운영을 위한 운영부담금으로 결의하기까지 했다. 교회의 신학교에 대한 관심이 어느 정도 회복의 길에 들어선 것이다.

그리고 전에는 신학대학원 원장의 위치가 대학교의 총장의 관할 아래 있는 2년제의 보직이 되어 있었다. 이는 물론 교육부 법에 따른 것이다. 그러나 이제 이사회는 고신교회 안에서 적용하는 내적인 시행세칙을 만들어 신대원장의 위치를 총장과 똑같게 했다. 물론 이것은 위치의 고하의 문제가 아니고 개혁주의 교회생활의 원칙문제이다. 이제 총장과 원장이 다 같이 이사들의 3분의 2 투표를 얻어 임명되고 임기도 4년으로 하게 되었다. 결과 내적으로는 교회적인 원리의 생활이 어느 정도 정착되었다. 하지만 내가 1999년 은퇴한 이후에 이 모든 것이 차츰 다 철회되어 옛날로 돌아가게 되었다는 소식을 들었다. 신학대학원 원장의 자리가 일반대학원 원장과 같이 보직 2년제로 환원되고, 대학교 총장의 제청으로 임명하여 옛날로 완전히 회귀해 버린 것이다. 이렇게 된 사정이 있겠지만, 이는 분명히 개혁주의 생활원리로부터의 후퇴요, 이탈이다. 교회지도자들의 개혁주의 생활원리에 대한 연구와 이에 따른 교회생활의 재정립이 절실히 요구된다.

나아가, 신학대학원의 수도권 이전은 1960년대부터 오랫동안 논의되어 온 고신교회의 숙원 사업이었다. 모든 다른 신학교들이 수도권에 있으나 고신 측 장로교회의 신학교만 한국의 최남단 부산에 있기 때문에 교회가 전국적으로 영향을 미치고 터를 넓혀 가는 데 지장이 있다고 보았다. 신학교가 부산에 있으니 수도권과 대구 호남지역에서 부교역자 수급의 필요성을 느껴 각기 지방 신학교를 세움으로 교회의 신학교육도 균형을 잃게 되었다. 결과 수도권으로 신학대학원의 이전과 지방 신학교의 정리를 통한 신학교육 통일성에 대한 필요성이 더욱 커지게 되었다. 이제 이 일들이 차츰 실현을 보게 되었다.

원래 신학대학원을 부평에 있는 전 서울 고려신학교의 자리로 옮길 계획을 하고 교육부의 승인을 얻기 위해 노력했다. 그러나 당시 정부의 수도권으로의 인구유입 방지정책 때문에 이 뜻을 이룰 수 없었다. 그 후 수도권에서 제일 가까운 지역을 고려하여 신학교의 위치를 천안으로 선택하게 되었다. 1994년 교육부로부터 신학대학원 위치 변경 승인을 얻고, 천안에 3만 2천여 평의 대지를 확보하였다. 학교를 위한 합당한 대지를 발견하는 일은 쉽지 않았다. 교통이 편리해야 하고, 큰 도로로부터 진입로를 쉽게 낼 수 있는 곳이어야 했기 때문이다. 천안교회 이창우 목사의 협력을 얻어 10회 이상 합당한 대지를 찾기 위해 천안 지역 여러 곳을 답사하고 탐색했다. 고신의료원 박영훈 원장도 함께 여러 번 탐색에 나섰다. 결과 현 고려신학대학원이 서 있는 천안시 삼룡동 40번지의 장소를 발견할 수 있었다. 1998년에 그곳에 새 건물을 완공하여 신학대학원이 1998년 9월에 새 캠퍼스로 이전함으로 경북, 서울, 전라 지방에 있는 모든 지방 신학교를 정리하고 천안으로 옮겨 신학교육의 통일성을 확보할 수 있게 되었다.

나는 1988년 9월에 신대원 원장으로 취임한 후 1999년 4월 은퇴하기까지 2년(1995~1996)을 제하고는 계속 원장으

신대원 교직원과 함께(천안캠퍼스)

로 봉사했다. 그동안 잃어버린 신학대학원의 정체성을 찾고, 교회 직영 학교로서의 터를 다지기 위해 최선의 노력을 했다. 대학교로부터의 신학대학원의 완전한 독립을 바라고 독립된 이사회와 '신학대학원 대학교'의 설립을 위해 노력해 왔으나 이 뜻을 이루지 못하고 은퇴하였다.

경북신학교의 고려신학대학원으로 폐합과 재산 문제

경북신학교의 신학대학원으로의 폐합 문제와 재산 문제는 이미 오랫동안 잊힌 문제이다. 하지만 최근 코람데오 닷

컴(2014, 6)에서 그 재산 매각문제가 제기되어 논란되고 있는 기사를 읽고 지난날을 회고하게 된다. 고신교회 직영 고등교육기관의 수장들이 '코람데오'라는 아름다운 신앙생활의 목표를 내세우지만 이와는 전혀 다른 길을 걷고 있음을 보고 기독교 고신대학교의 미래와 이 대학교를 직영하는 고신교회를 염려하며 이 글을 덧붙인다.

교단의 신학교육을 통합하기로 한 총회 결의에 따라 경북신학교가 천안의 고려신학교로 폐합되었을 때(1998), 신학교 학생들은 신학대학원으로 편입되었지만, 대학부 학생들이 남게 되었다. 경북신학교는 남은 대학부 학생들에 대한 처리문제를 안고 있었다. 신학대학원에서는 이런 과정이 없어진 지 오래되었다. 경북노회에서 학교를 책임지고 있는 목사님 세 분이 천안의 신학대학원 원장실을 찾아왔다. 이 대학부 학생들의 길을 열어주어야 하겠는데 신대원에서 이 학생들을 받아 남은 교육과정을 마칠 수 있게 특혜를 베풀어 달라고 청원했다. 이들을 받아 주면 경북신학교의 재산을 다 신대원에 헌납하겠다고 했다. 나는 모든 지방 신학교들을 폐합하여 정리하는 과정에서 일어난 문제들에 대한 공동책임을 져야 하겠다고 생각하고, 교수회에서 의논하여 그렇게 하도록 힘쓰겠다고 약속했다. 나는 이때 재산이 어떤 것인지, 얼마나 가치가 있는 것인지도 묻지 않았다. 이후 교수회로 모여 사정을 설명하고 교단 신학교육을 정리하는 마당에 생긴 일이니 대학부 학생들을 받아 이들을 별도로 교육하여 남은 과정을 마쳐주기로 합의를 보았다. 사실 이것은 신대원에서는 부담스런 짐이었다. 그러나 신학교 정리 차원에서 그 청원을 받아 주기로 했다.

그런데 이런 일이 있은 후 2,3개월이 지났을 때 다른 소식이 들려왔다. 고신대학교에서 경북신학교 남은 대학부 학생들을 '평생교육원'에 받아 공부시키기로 하고, 경북신학교에서는 그 재산을 고신대학교에 기부하기로 했다는 것이었다. 나는 나를 찾아와서 청원했던 경북신학교 책임자 목사님들로부터 이에 대한 어떤 연락이나 소식도 받지 못했다. 이는 신학대학원에서 요구한 일이 아니었고 경북신학교 측에서 자진하여 찾아와 신학대학원에 청원한 일이었는데 매우 자연스럽지 않게 생각되었다. 뒤에 들려오는 말이 고신대학교의 총장과 부총장이 교섭에 나서서 그렇게 되었다고 들었다. 그 후에도 지난날 찾아왔던 경북신학교 책임자들로부터 이와 관련된 어떤 소식도 없었다.

나는 그 경북신학교 재산을 얻기 위해 경북신학교 당국 누구와도 접촉한 일이 없었고, 이를 위해 교직원 누구도 보내어 접촉한 일도 없었다. 관련 노회와도 어떤 접촉을 한 일이 없었다. 그것은 경북신학교가 알아서 할 일이기 때문이었다. 다만 스스로 와서 약속한 경북신학교로부터 아무 소식을 받지 못한 것을 유감스럽게만 여겼다. 또 같은 교회 총회 직영 아래 있는 고신대학교가 그 재산을 얻기 위해 중간에 뛰어 들어 한 일이 유감스러웠지만, 이 일에 대하여 아무런 언급도 하지 않고 지나갔다. 하지만 소위 고신 교회 총회 직영 하에 있는 기독교 대학의 수장들이 하는 일이 세상 사람들이 하는 일과 똑같이 보여 슬프게만 여겨졌다.

그 후 경북신학교 재산을 얻기 위해 노력했다고 들어온 부총장이 신학대학원에 들리게 되어 우연히 만나게 되었다. 그는 1970년대 내가 신대원 교수로 교무처장의 보직을 맡아 봉사할 당시 대학에 종교교육학과가 신설되어 거기 강사로 들어와 봉사하면서 신학대학원에서 몇몇 신학과목을 청강한 일이 있어 제자로 생각할 수도 있었다. 그래서 그에게 경북신학교의 재산문제를 언급하면서 같은 교회 직영 기관에서 일하면서 그런 방법으로 일해서 되겠느냐고 약간 책망 조로 유감을 표했다. 이때 그는 "제가 한 일이 전혀 아닙니다. 모르는 일입니다."라고 대답했다. 나는 더 말하지 않았다.

그런데 최근(2014. 6) 그 물려받은 재산 매각 문제가 말썽이 되어 코람데오 닷컴에 '김성수 고신대 총장의 해명'이란 글이 실려 이를 읽게 되었다.(2014. 6. 23) 코람데오(하나님 앞에서)라는 신앙생활의 모토를 걸고 대학교를 이끌어 온 책임자의 말과 행동이 이 해명을 통해 전혀 상반됨을 확인하고 큰 충격을 받았다. 그는 마침내 지난날 정직하지 않게 말하고 행동하였음을 이 글로 스스로 밝혔다. 그는 이제 내가 다른 세계 사람이 되어 그것을 읽지 않으리라고 생각했는지 모른다. 그 해명의 내용 일부를 실린 그대로 옮긴다.

3. 1999년 당시 경북신학교를 인수하는 과정에서 저는 부총장으로서 많은 수고를 감내했습니다. 당시 경북신학교(대학과정)를 두 필지의 대지와 함께 천안 신대원으로 기증하자는 안과 영도의 대학으로 기증하자는 안이 관할노회(경북노회 또는 동대구 노회) 안에 대립되어 있었는데, 천안 신대원에서는 심지어 천안에 대학과정을 별도로 개설해서라도 경북신학교를 인수하겠다고 접근하고 있었습니다. 이 때 저는 부총장으로서 김 병원 전 총장님의 지시를 받고

관할 노회에 참석하여, 경북신학교는 고신대학교로 기증하는 것이 합리적이며, 대학 당국은 경북신학교 재학생들이 졸업할 때까지 평생교육원의 틀 안에서 공부를 잘 마칠 수 있도록 최선을 다하겠다고 약속을 하였고, 결국 관할노회와 경북신학교 당국자들은 고신대학교로 기증할 것을 결의하였습니다. 이 과정에서 본인은 대학의 다른 교무위원들과 함께 경북신학교 및 노회 관계자들을 몇 차례나 만나고 설득하는 노력을 했으며, 그런 과정에서 본인은 많은 상처를 받기도 했습니다. 이렇게 해서 기증 받았기에 이 문제가 나오면 본인이 그렇게 수고하고 상처를 받고 할 동안 다른 분들은 무슨 수고를 했느냐는 생각을 하기도 했습니다.

이 글에서 그는 "천안 신대원에서는 심지어 천안에 대학과정을 별도로 개설해서라도 경북신학교를 인수하겠다고 접근하고 있었습니다."라고 한다. 하지만 신대원에서는 별도로 대학과정을 신설해서라도 경북신학교를 인수하겠다고 접근한 일이 전혀 없었다. 그는 내게 자신은 전혀 모르는 일이라고 했지만, 이제 스스로 "본인은 대학의 다른 교무위원들과 함께 경북신학교 및 노회 관계자들을 몇 차례나 만나고 설득하는 노력을 했으며, 그런 과정에서 본인은 많은 상처를 받기도 했습니다."라고 했다.

나는 이 일에 관하여 어느 정도 알고 있었던 일이었지만 공적으로 문제가 되어 이제 드러나게 쓴 글을 읽고 한 번 더 깊은 허탈감을 갖게 되었다. 총회 직영 대학교의 부수장이었고, 또 수장이 된 분이 하는 말과 행동이 너무도 다르기 때문이다. 그는 "부총장으로서 김 병원 전 총장님의 지시를 받고" 추진했다고 한다. 당시의 총장이 목사요, 부총장도 언젠가 목사 안수를 받은 목사였음을 알고 있다. 이들은 신학대학원에 증여될 재산을 가로채기 위해 모든 수단을 동원한 것이다. 이 분들이 한 일이 권모술수에 젖어 사는 세상의 정치인들과 무슨 다름이 있는가?

나는 내심으로 이런 일을 밝히기를 원하지 않았다. 하지만 '하나님 앞에서'를 생활 모토로 내세운 고신교회 지도자들, 특별히 기독교 고등교육을 책임진 수장들이 하나님 앞에서 계명(8, 9, 10계명)을 엄연히 범하고도 가책을 느끼지 않는 태연한 모습을 지켜보기 어렵고, 생활의 정화를 부르짖어 온 고신교회의 변질된 오늘의 현실을 이들에게서 보는 듯하여 안타까운 마음에서 밝혀 말하는 것이다.

나는 고신대학교의 미래를 염려하고, 이 학교를 직영하는 고신교회의 속화를 염려한다. 교회의 속화는 이렇게 오는 것이다. 생활이 없는 '하나님 앞에서'(Coram Deo)라는 모토는 하나님 앞에 가증할 뿐이다. 나는 일찍부터 대학교의 교회직영은 영역주권의 원리상 바람직하지 않음을 강조해 왔다. 고신교회는 속히 대학교의 직영에서 벗어나야 한다. 앞으로 얼마 동안이라도 교회가 직영을 계속해야 한다면 철저한 감독이 따라야 한다. 형식적인 운영보다 실제적인 신앙과 생활의 감독이 더 우선이다. 그리고 고려신학대학원은 하루속히 대학교의 관할에서 벗어나 교회가 직영하는 독립기관이 되기를 더욱 바라고 기도한다.

오순절 신학의 정리

내가 신학대학원 원장의 책임을 지게 되었을 때 꼭 해결해야 할 신학적인 문제가 있었다. 고려신학교는 1946년 설립 후 40년 동안 교수진 내에 이질적인 신학 문제로 어려움을 당한 일이 없었다. 그런데 1986년 하반기부터 주로 히브리어를 가르쳐 오던 한 교수(안영복)가 오순절 계통의 신학을 수용하고 이를 교단과 강단에서 전하고 가르칠 뿐 아니라, 개혁신학의 성령론을 신랄하게 비판함으로 학교와 교회에 물의를 일으키게 되었다. 그는 중생과 성령세례는 전적으로 구별해야 한다고 주장하고, 중생한 자가 능력을 받기 위해서는 반드시 성령세례를 받아야 한다고 역설했다.

그는 이런 주장으로 학교 학생들과 교회에 혼란을 일으켰을 뿐 아니라 상당수 사람에게 영향을 끼치었다. 그동안 교수회는 이 문제를 연구 비판하고 교수회의 일치된 개혁주의 입장의 성령론을 밝히고 총회도 연구위원을 내어 그에게 사견으로 물의를 일으키지 않도록 권고했다. 그러나 그는 모든 권유와 경고에도 불구하고 자기 입장을 지켜나갔다.

나는 신학교의 책임자로서 학교와 교회에서 일어나는 신학적 혼란과 분열의 문제를 속히 해결해야 할 것으로 생각했다. 그는 경건회 시간을 맡을 때마다 자기의 성령론을 드러내어 전했다. 학생들 가운데도 의견이 갈리고 상당수 학생이 그의 의견에 찬동하는 태도를 보이기도 했다. 나는 몇 차례 그를 개인적으로 불러 학교가 지향하는 개혁신학의 입장을 벗어나 사견을 공적으로 전하는 일을 그칠 것을 간곡하게 권고했다. 그는 권고를 수용하는 척하면서도 결국에는 자기 길을 고집했다.

드디어 1992년 9월 총회에 총회 신학부로부터 안 교수의 신학 교수 해임 건의가 올라오게 되었다. 총회는 장시간의 토론 끝에 신학부의 건의안을 받자는 동의가 나오고, 이 문제를 1년 동안 보류하자는 개의가 나왔다. 개의는 그동안 그의 성령론을 수용한 분들과 이에 동정하는 입장에 있는 분들이었다. 나는 그 자리에 있으면서 개의에 재청하는 수가 상당한 수임을 직감하게 되었다. 어떤 일에 확신이 없는 분들은 항상 약하게 보이는 편에 동정하는 경향을 나타낸다. 나는 바로 큰 위기감을 느꼈다. 만일 개의가 수용되면 신대원과 교회가 앞으로 당면할 혼란과 받게 될 큰 피해를 생각하고 조용히 지나갈 수가 없었다. 바로 가부를 묻기 전 나는 발언권을 얻어 나가 강력하게 말했다. 교회의 지도자들이 이 문제를 1년간 보류함으로 신학교와 교회를 어디로 이끌고 갈 것이며, 신대원 학생들과 교회 내의 분열을 누가 책임질 것인가 물었다. 결국, 총회는 원안인 신학부의 결의를 받아들였다. 이로써 고려신학교 설립 후 처음 당한 신학적 위기를 극복하고 오순절 신학을 정리할 수 있었다.

이런 일이 있은 지 20년 이상이 지났다. 오늘의 고신교회 현실을 바라볼 때 그동안 교회의 신학적 생활의 분위기가 상당히 변한 모습을 보게 된다. 오순절 신학을 따른다고 말할 수 없으나, 오순절 계통의 신앙과 생활의 영향을 크게 받고 있음을 부인할 수 없게 되어 있다. 상당수 목사가 세계에서 제일 큰 회중을 가진 교회를 세웠다는 여의도의 한 목사의 믿는 자는 "영혼이 잘됨 같이 범사에 잘되고 건강"하게 된다는 번영주의 신학을 따르고 여러 면에서 그의 특유한 기복적 언어와 행위를 본받고 있음을 보게 된다. 그가 크게 등장하기 전인 70년대까지만 해도 목사들의 설교에서 "축원합니다."라는 말을 들을 수 없었다. 이 말은 그 목사가 도입한 기복적 전용어이다. 그러나 오늘 대부분 목사가 이 말을 분별없이 쓰고 있다. 어떤 분은 한 설교에서 열 번도 더 쓰고 있다. 이 말의 기원을 모르고 하기 좋고 듣기 좋으니까 쓰는지 모른다. 이 말은 하나님 말씀의 선언적 선포적 설교의 권위를 훼손하고 인간의 기복적 소원과 정서를 나타내는 것으로 들린다. 그뿐만 아니다. 목사들 가운데는 설교 후에 치유의 기도를 인도하는 분들도 있다. 이것은 분명히 여의도 목사의 본을 그대로 따르는 일이다. 이는 복음을 전하고 난 후 복음의 진리를 희석하는 일이 된다. 고신교회와 설교자들이 시류와 인기에 영합하지 않고 개혁신학과 생활의 바르고 곧은길을 지켜 갔으면 하는 마음이 간절하다.

봉사신학 담당

원장으로서 행정 책임을 지고 봉사하면서 처음 몇 년 동안 내가 전공한 교회사를 강의했다. 그러나 1994년 교수회에서 개혁교회에서의 목회의 경험을 기반으로 실천신학 과목을 가르칠 것을 권유받고 이를 수락했다. 그래서 은퇴할 때까지 5년 동안 실천신학 과목을 강의하게 되었다. 나는 이 '실천신학'이라는 신학분야의 이름이 마음에 들지 않았다. 신학이 있고 실천이 있는 것 같은 이원적인 느낌이 들 뿐 아니라, 실천신학이란 실용주의적 미국식의 이름으로 여겨졌다. 그래서 그 이름을 개혁교회 신학계에서 전통적으로 불러온 '봉사학'(Diaconiology, Mininsterial Theology)으로 바꾸었다. 이는 성경의 원리를 따라 교회를 봉사하는 신학이기 때문이다.

신학대학원에 봉사하면서 먼저 오늘날까지 한국교회가 등한시한 신앙고백의 교육문제를 강화하기를 원했다. 백년 이상의 역사를 가진 한국 장로교회는 신앙고백에 무관심한 교회가 되었다. 1907년 조선 장로교회 독노회가 출발하면서 장로교회 정치체제는 받아들였지만, 장로교회의 기본 신경인 웨스트민스터 신앙고백은 받아들이지 않고, 수년 전 인도 교회가 받은 것을 그대로 수용하여 소위 12신조만 받아들였다. 결과 한국 장로교회는 신앙고백에 등한한 교회가 되어버렸다. 그 후 60년이 지나 1960년대 말에야 웨스트민스터 신앙고백서를 공식으로 받아들였다. 하지만 너무 늦었다. 이것으로 반세기 이상 신앙고백을 등한시해 온 교회 생활의 분위기를 반전시킬 수 없었다.

그동안 신대원에서도 신앙고백 교육을 소홀히했다. 내가 신학교에 다닐 때도(50년대) 교수 중에 신앙고백에 포함된 교리의 중요성과 교회에서 교리교육을 강조하는 교수가 없었다. 조직신학을 배우면서 참 교회의 세 가지 표지와 칼빈주의 오대교리에 관해 배웠다. 그러나 그것이 어떤 신앙고백, 어떤 신경에서 나온 것인지 몰랐다. 이런 교육을 받은 목사들이 목회생활에서 신앙고백을 중요하게 생각하고 교회에서 가르치리라고는 기대할 수 없다. 결과 한국의 장로교회 교인들은 자기 교회의 교파 이름이 다른 교회와 다르다는 것 외에는 자기 교회의 교리적 특성을 전혀 모르고 있다. 장로교회의 교리가 감리교회나 침례교회의 교리와 다른 것을 모르는 것이다. 그러니 대부분 교인은 교파와 관계없이 자유스럽게 교회를 수평적으로 옮겨 다니는 것이 현실이 되었다.

나는 개혁교회를 봉사하면서 개혁교회 신자들은 정체성을 가진 신자들이라는 것을 알게 되었다. 어릴 때부터 개혁교회의 신앙고백과 역사를 배우기 때문에 자기 교회의 정체성을 잘 알고 그 교회의 교인 된 것을 감사하며 살아가는 것이다. 이들 대부분은 세계 어느 곳에 가도 개혁교회를 찾고 개혁교회 신자로 살아가는 것을 보게 된다.

개혁교회의 목회생활에서 나는 교인들의 신앙고백에 대한 지식이 얼마나 중요하다는 사실을 알았기 때문에 먼저 목사 후보생들에게 신앙고백에 대한 교육을 강화해야 하겠다는 생각을 가졌다. 그래서 전에 없었던 신조학을 신학대학원의 학과목으로 도입했다. 그리고 신학교 지원자들이 장로교회의 기본신조를 어느 정도 알고 오도록 입학시험에 웨스트민스터 신앙고백을 포함하기도 했다.

다음으로, 수년 동안 봉사신학을 가르치면서 한국장로교회의 설교의 양태와 질을 바꾸기 위한 노력을 해 보았다. 상당수 목사가 설교 본문을 설교의 제목을 위해 택하고 본문을 벗어난 설교 아닌 이야기를 하는 일을 보게 된다. 한국교회에는 소위 부흥사들이 설교의 질을 너무 떨어뜨려 놓았다고 생각한다. 많은 목사가 부흥사처럼 설교하려고 한다. 본질에서 하나님의 말씀과 무관한 장황한 이야기들이 설교의 중심부를 차지하기도 한다. 개혁교회 설교의 개념에 따르면 이것은 설교가 아니다. 나는 학생들에게 설교 본문의 철저한 연구와 전체 성경 속에서의 본문의 뜻을 파악하고 현실을 고려하여 설교를 작성하되, 설교는 반드시 신앙고백 내용을 통해 여과시켜야 한다고 했다. 그리고 설교는 언제든 출판해도 될 만큼 다듬고 기록해서 할 것을 강조했다.

학생 중에는 아무리 신학대학원에서 설교의 원리를 가르쳐도 졸업하고 나면 시류에 따라 자기 방법대로 설교하고 목회하는 이들이 있음을 보게 된다. 그러나 상당수 학생이 목회 현장에 나가 학교에서 배운 개혁주의 원리를 따라 설교하려 노력하고 목회하는 모습을 보게 될 때는 보람을 느끼고 하나님 앞에서 감사하게 된다.

21. 정년 은퇴와 은퇴 생활

정년 은퇴를 앞두고

1998년 말에 나는 65세 정년 은퇴를 하게 되어 있었다. 나는 은퇴를 진심으로 바라 왔다. 내가 개혁교회를 시무할 때 동역자들이 은퇴를 몇 년 앞두고 은퇴할 날을 간절히 사모하고 기다렸던 것처럼 나도 은퇴의 날을 사모하였다. 은퇴한 후에 내가 할 일의 계획도 어느 정도 서 있었다. 그 동안 분주한 생활 속에서 쓰지 못한 글을 써서 한국의 참된 개혁교회 건설과 하나님 나라 건설에 이바지하고 싶었다. 나머지 생을 즐기며 뜻있게 보내다 아름답게 마무리 하고 싶었다.

1998년 12월에 한 장로교 교단의 총회장과 그 교단의 신학대학원 대학교의 교무처장, 또 총회 임원 목사 한 분 이렇게 세 분이 천안 캠퍼스 원장실을 찾아왔다. 이 분들은 나에게 은퇴하면 바로 자기 교단의 대학원 대학교를 책임지고 봉사해 달라고 요청했다. 부족한 나를 찾아 준 것은 감사했지만, 나는 사양했다. 첫째는 은퇴한 후 내가 계획한 일을 하며 아름답게 생을 마무리 짓기 원했고, 둘째는 평생 고신교회와 자매교회에서 봉사한 사람이 지금 다른 곳에 가서 봉사하는 것은 외도로 생각되었기 때문이다. 그 후에 그분들이 다시 연락했으나 나는 끝까지 사양했다. 그 후 다른 신학대학원에서도 청원이 있었지만, 나는 이것도 역시 사양했다.

나는 은퇴의 날을 기다리고 있었다. 그런데 생각지 못한 소식이 들렸다. 어떤 분(들?)이 신학대원을 천안으로 이전한 지 한해가 안 되었는데, 새로운 터전에서 학교의 자리가 좀 더 잡힐 때까지 남은 임기 2년을 채우게 하자고 이사회에 제의하려한다는 소문이었다. 전혀 바라지도 예기치도 않은 소문이었다. 사실 남은 임기 2년은 나에게 아무 의미가 없다. 나는 이 일을 주도적으로 하고 있는 분이 누구인지 알게 되었다. 그는 신학교 후배로 이 일에 대하여 나의 의견을 물은 일이 전혀 없었다. 사실 그분은 나를 곱게 볼 분이 아니라고 예상하고 있었는데 의외의 일이었다. 내가 원장으로 있을 때 '이사회 시행세칙'에 따라 신대원 원장도 이사회에서 투표권을 행사했다. 그런데 중대한 투표가 있었을 때에 그가 이사로서 청탁한 일을 내가 받아 주지 않은 일이 있었다. 그러므로 그가 나를 좋게 보았으리라고 생각하지 않았다. 그런데 의외로 그가 이 일에 앞장을 서고 있다는 것이었다. 어느 날 그를 만났을 때 정년대로 은퇴하게 하고 부자연스러운 일을 하지 말아달라고 말했다.

나는 평생 교회를 봉사해 오면서 어떤 자리를 사모한 일도 없고, 이를 위해 누구에게 암시한 일도 없다. 이것이 하나님 앞에서 나의 개혁주의 생활의 철학이었다. 외국에서 목회를 할 때나 한국에서 봉사할 때나 마찬가지였다. 호주개혁교회에서 회장으로 봉사한 적이 있고 '개혁교회 국제협의회'(ICRC)에 부의장으로, 의장으로도 봉사했다. 어느 때든지 자연스럽게 선출되거나 추대를 받아 했을 뿐이지 결코 그 자리를 바란 적이 없다. 하지만 선출을 받거나 추대를 받으면 싫다고 거절하지는 않았다. 하나님의 뜻인 줄 알고 성심껏 봉사를 했다. 이것이 하나님 앞에서 나의 삶이었다.

나는 당시 교무처장에게 원장 사무 인계를 하고 은퇴할 날을 기다리며 2개월 이상을 기다렸다. 1999년 신학년도가 임박했지만, 아직 새 원장이 선출되지 않았다. 이사장이 신대원에 들렀을 때 새 원장을 속히 세우라고 했다. 하지만 시간이 너무 걸려 나는 호주에 가서 잠시 기다리기로 했다. 호주에서 한 달쯤 머물고 있을 때, 신학대학원으로부터 새 원장이 선임되었다는 소식이 왔다. 1998년 12월에 은퇴할 것을 거의 4개월 늦게 1999년 4월에야 은퇴를 하게 되었다. 귀국하여 은퇴식에 참석하고 새 원장이 취임했다. 은퇴한 후 나는 가벼운 마음으로 다시 내가 10년 동안 섬겼던 개혁교회가 있고 아이들이 있는 호주로 돌아갔다.

그 후 거의 3년 쯤 지났을 때 내가 진정 사랑하고 봉사해 온 신학대학원에 관한 실망스러운 소식이 들려 왔다. 10여 년 동안 고신대학교로부터 독립적으로 운영되어 오던 신학대학원이 대학교의 관할 아래로 거의 복귀되었다는 소식이었다. 4년이었던 원장의 임기도 다른 일반대학원처럼 보직 2년제로 환원되었다는 것이다. 10여 년 이상 힘들여 이루어 온 신학대학원 독립이 거의 허물어지고 만 것이다. 세우기는 어렵지만 무너뜨리는 일은 순간적이다.

이제 바라고 추진해 오던 독립된 '신학대학원 대학교'의 꿈도 멀리 사라지고, 신대원의 입지는 10년 전으로 되돌아가는 듯 보였다. 역사를 역행하는 일임이 분명했다. '개혁주의'를 구호처럼 외쳐 오면서 개혁주의 생활원리는 외면하고, 실리와 편의를 따라 살아가는 고신교회와 고려신학대학원의 미래가 염려되었다. 나는 혼자 여러 날 동안 심한 충격을 받고 깊은 허탈감에 빠져 들었다.

하늘의 만나

은퇴 후 나는 바로 아이들이 있는 호주로 되돌아갔다. 그러나 은퇴 후 한국에서 지내든지 호주에서 지내든지 은퇴 후의 생활은 보장되어 있지 않았다. 은퇴 후의 생활에 대한 준비 없이 살아왔기 때문이다. 호주 자유개혁교회에서 은퇴할 때까지 봉사했다면 그 연대교회들이 함께 마련한 은퇴 연금이 있겠지만, 그곳 교회를 사임하고 한국의 신학대학원으로 옮겨 왔기 때문에 이와는 아무런 관련이 없게 되었다. 한국에서는 20년 동안 교수생활을 해야 연금을 받을 수 있는데, 귀국하여 학교에 봉사한 햇수가 12년 남짓하니 이것도 해당되지 않았다. 70년대 학교에 봉사한 것은 햇수로 계산될 수 없었다. 귀국하여 교수로 등록할 때 호주시민권을 포기했기 때문에 호주에 가도 정부로부터 노년연금을 기대할 수도 없게 되었다. 1978년 정월 호주 자유교회의 초빙을 받고 떠날 때 한국에 두고 갔던 적은 재산도 어리석은 관리로 다 잃고 말았다. 하지만 하나님께서 어떤 방식으로라도 돌봐 주실 것을 믿고 조금도 염려하지 않았다. 그런데 호주에 돌아갔을 때 사람의 생각과는 달리 은혜로우신 하나님은 우리 내외가 먹고살 길을 예비하고 계셨다.

1987년 한국에 돌아온 후 교육부에 교수 등록을 하려면 호주 시민권을 포기해야 했다. 그래서 주한 호주 영사관에 한국에서 교수로 일하기 위해 시민권을 포기해야 하겠는데 어떻게 절차를 밟아야 할 것인지 문의 편지를 보냈다. 이때 영사관은 호주 시민으로 어느 나라에 가서도 일할 수 있는데 왜 시민권을 포기하려고 하느냐 하면서, 시민권을 꼭 포기하려면 여권을 반납하라고 했다. 이때 한국교육부의 입장을 설명하고 여권을 반납했더니 영사는 아무 말 없이 호주 시민권이 취소되었다는 확인서를 보내 왔다. 그것을 가지고 한국시민권을 회복하고 교수 등록을 했다.

1999년 4월 은퇴 후 호주로 돌아갔을 때, 혹 영주권이나 시민권을 다시 취득할 길이 있을까 해서 호주 연방정부 이민국을 찾았다. 이민국에서는 지난날 호주 시민이었던 분은 시민권을 재신청할 수 있고, 신청 후 1년이 되면 다시 시민권을 받을 수 있다고 했다. 그리고 본인이 자원해서가 아니고, 어떤 특수한 환경 때문에 시민권 포기를 강요당했다면, 더 빨리 받을 수도 있다고 알려주었다. 그래서 시민권을 재신청하면서 당시의 한국의 정치적 상황이 한국에서 교수직을 하려면 시민권을 포기해야 했다고 밝혔다.

재신청을 한 지 사흘 후에 이민국에서 전화가 왔다. 연방정부에 나의 시민권 신청서를 보냈더니 나의 시민권이 그대로 있다는 소식이 왔다고 알려주었다. 그제야 지난날 호주 영사가 내가 한국에서 일할 수 있도록 시민권 취소 확인서를 내게 보냈지만, 호주 연방정부에는 통보하지 않았거나, 아니면 호주 연방정부가 영사의 보고를 받고 시민권을 취소하지 않았던 것으로 생각하게 되었다. 며칠 후에 연방정부는 내가 시민권 증서를 잃어버린 것으로 여겨서인지 다시 새 시민권 증서까지 보내 주었다. 13년 전 포기한 시민권이 그대로 있다는 것이 기적으로 여겨졌다. 나는 그 영사의 얼굴도 모르고 이름도 기억 못하지만 참으로 고마운 분이었다. 호주 정부도 자기 나라 시민을 지극히 보호하고 있다는 데 큰 감명을 받았다. 하나님은 나의 은퇴 후의 길도 은혜로 이렇게 예비하시고 계셨다.

이제 내가 원하는 한 자유롭게 호주에 있는 아이들 가까이 머물 수 있게 되었다. 그 후 나는 호주 시민에게 65세 이후에 지급되는 일반 노년 연금이 혹시 우리에게도 가능한지 알기 위해 연방정부 복지부(Centrelink)에 가서 물어보았다. 복지부 직원은 호주에서 10년을 거주하고 일을 했으면 노년 연금이 해당된다고 했다. 이는 10년간 일하고 세금을 냈으면 해당된다는 뜻으로 들렸다. 이는 나에게 새로운 지식이었다. 호주에 산 기간을 계산해 보더니 10년에서 몇 주가 모자라지만 이것은 별 문제가 되지 않는다고 알려주었다. 그래서 노년 연금을 호주에서 받게 되었다. 내가 10년 동안 호주에서 목사로 봉사하고 세금도 성실하게 내었고, 또 아이들이 직장 생활을 하며 세금을 내고 있으니 노년연금을 받는다고 해서 마음에 부담될 것은 없었다. 호주 정부가 주는 연금으로 우리 내외가 식생활을 하는 데는 염려하지 않게 되었다. 지난날 그릿 시냇가에 있는 종 엘리야에게 까마귀들을 명하여 떡과 고기를 보내어 먹여 살리신 주 하나님(왕상17), 40년 광야생활에서 하늘로부터 만나를 내려(출16) 그의 백성 이스라엘을 먹여 살리신 하나님은 호주라는 광야에서 우리에게도 만나를 내려주신 것이다. 이로써 우리 언약의 하나님은 오늘도 여전히 그의 종들과 백성을 기적적으로 돌봐 주신다는 사실을 확신하게 하셨다. 이 모든 것은 하나님의 순수한 은혜였다.

즐기는 은퇴생활

나는 은퇴생활을 상당히 즐기며 남은 생을 살아가고 있다. 호주와 한국을 오가며 봄과 가을 두 계절은 대부분 우리나라에 머문다. 건강이 허락되는 한 이 생활을 계속할 생각이다. 조용한 시간을 얻어 하고 싶은 일을 하고, 원하는 글도 쓰고 있다. 나는 진심으로 이 나라에 참된 개혁주의 교회가 건설이 되기 바라고 부족하지만 주께서 주시는 남은 생애동안 이를 위해 적은 봉사라도 하기 원한다.

은퇴 전까지는 주로 회중 앞에 말씀을 봉사하는 설교자로 생활해 왔다. 그러나 이제 주로 말씀을 듣고 즐기는 자가 되었다. 설교자들로부터 다양한 설교를 들어 말씀의 은혜를 누리는 것도 큰 즐거움이다. 이따금 후배들과 제자들이 섬기는 교회에 초청을 받아 강의도 하고 말씀 봉사를 할 수 있는 기회를 얻는다. 말씀 봉사를 한다는 것은 언제나 큰 특권이다. 후배들이 충성스럽게 교회에 봉사하는 것을 볼 때 큰 보람을 느끼고 하나님께 감사하게 된다. 넓고 옅은 단순한 복음주의 교회가 아닌 깊이 있고 내실 있는 개혁주의 교회 건설을 위해 노력하고 있는 모습을 볼 때에는 더욱 감사와 기쁨을 갖게 된다.

고신교회 밖으로부터도 종종 초청을 받는다. 속화하고 변질되어가는 한국 장로교회의 현실을 안타까이 여기며 교회 개혁의 길을 모색하고 있는 목회자들이 전국에 상당수 흩어져 있음을 본다. 내가 네덜란드계 개혁교회를 목회했다는 것을 알고 개혁교회의 생활과 정치에 관해 듣기를 원해 초청한다. 이런 접촉을 통해 적으나마 결과가 나타나는 것을 보며 감사한다. 이 땅에 머무는 동안 어떤 면으로든지 주님의 참된 교회건설을 위해 조금이라도 봉사할 수 있다는 것이 큰 기쁨이요, 보람이다.

마감하는 말

지난날의 역사는 사람이 만든 것이 아니고 하나님 아버지의 뜻을 따라 하늘과 땅의 모든 권세를 가지신 그의 아들 우리 주 예수님께서 친히 만들어 오신 것이다. 그래서 역사란 '그의 이야기'(His-story)라고 할 수 있다. 개인이 지내온 역사도 마찬가지이다.

나의 지난날의 80여 년 동안의 삶의 역사도 하나하나 뒤

돌아볼 때 전혀 나 자신이 만들어 온 역사가 아니고 주께서 만들어 오신 역사였다. 내가 곁길로 나가려 할 때 그는 사랑으로 나를 징계하시고 바른길에 세워 주셨다. 내가 원수의 그물에 걸렸을 때는 그의 지혜와 권능으로 나를 풀어주셨다. 원수가 나의 길을 막으려 할 때 그는 더 나은 길을 마련하고 열어 주셨다. 내가 걸어온 길은 모두 역사의 주가 되신 만유의 주 예수 그리스도께서 친히 은혜로 만드시고 이끄신 길이었다. 그렇지 않고서야 오늘의 내가 있을 수 없고 이 글을 남기지 못했을 것이다. 성부와 성령과 함께 영원토록 살아계시며 역사를 지배하시는 우리 주 예수 그리스도의 이름에 감사와 영광을 돌린다.

"보좌에 앉으신 이와 어린양에게
찬송과 존귀와 영광과 권능을
세세토록 돌릴지어다."(계5:13)
아멘

Soli Deo Gloria ! Amen.

저서

Presbyter in Volle Rechten, (Kampen 1972)

The Church Preserved Through Fires, (Inheritance Publications, Canada & U.S.A, 2006)

봉사신학개론 (도서출판 영문 1992)

교회 절기 설교 (기독교 문서 선교회 1996)

고려신학대학원 50년사: 고신대학교 신학대학원 (도서출판 영문 1996)

개혁해가는 교회 (총회 출판국 1996)

개혁주의 설교 : 원리와 시행 (기독교 문서 선교회 1996)

개혁교회의 목회와 생활 (총회출판국 1997)

한국장로교회사(고신교회중심) (총회 출판국 2001, 도서출판 영문 2008)

구속사적 신약설교 (SFC 출판부 2005)

구속사적 구약설교 (SFC 출판부 2006)

잘 다스리는 장로 (도서출판 영문 2007)

큰 사건, 큰 인물을 따라 교회사 산책 (총회출판국 2009)

개혁주의의 진리와 생활: 사도신경, 십계명, 주기도 해설 설교집 (도서출판 영문 2009)

교리문답(하이델베르크) 해설 설교 1-2 (사랑과 언약 2010)

어둠 후에 빛: 세계 교회 역사 이야기 (셈페르 레포르만다 2014)